미래에서 만나요!
채사장

2024. 6.

채사장의 지대넓얕

10 거인의 어깨

글 채사장

책읽기를 좋아하는 평범한 사람이었던 채사장 작가님은 사람들과 지식을 나누는 대화를 하는 게 가장 재미있었어요. 이런 재미와 기쁨을 전하기 위해 2014년에 쓴 책《지적 대화를 위한 넓고 얕은 지식》이 밀리언셀러에 오르며 인문학 도서 신기록을 달성했어요. 이후에도 다양한 책을 써서 독자들과 소통하고 있고, 강연을 통해 많은 사람들과 지식의 즐거움을 나누고 있습니다.

글 마케마케

오랫동안 그림책 작가와 어린이 책 편집자로 일하며 재미있는 이야기의 힘을 믿어 왔어요. 채사장님의《지적 대화를 위한 넓고 얕은 지식》을 독자로 접하고 인문학이 삶을 바꿀 수 있다는 것을 실감하고는 어린이들에게 쉽게 전달하기 위해 알파의 이야기를 만들었어요. 매일 알파, 마스터와 함께 즐거운 지식 여행을 떠나고 있답니다.

그림 정용환

홍익대학교 산업디자인학과를 졸업하고 다양한 책과 매체에 일러스트 작업을 하였어요. 〈복제인간 윤봉구〉 시리즈,《로봇 일레븐》,《유튜브 스타 금은동》 등 다양한 어린이 책의 그림을 그렸으며《슈퍼독 개꾸쟁》을 쓰고 그려서 제1회 '이 동화가 재미있다' 대상을 받기도 했지요. 어린이들이 교양을 익히고 더 나은 삶을 꿈꿀 수 있도록 이 이야기에 아름다운 그림과 색채를 입혀 주었답니다.

채사장의 지대넓얕 10
(지적 대화를 위한 넓고 얕은 지식)

초판 1쇄 발행 2024년 6월 18일
초판 2쇄 발행 2025년 6월 27일

지은이 채사장, 마케마케
그린이 정용환
펴낸이 권미경
마케팅 심지훈, 강소연, 김재이
디자인 양X호랭 DESIGN

펴낸곳 ㈜돌핀북
등록 2021년 8월 30일 제2021-000179호
주소 서울시 마포구 토정로 47, 701
전화 02-322-7187 팩스 02-337-8187
메일 sky@dolphinbook.co.kr

ⓒ채사장, 마케마케, 정용환, 2024
ISBN 979-11-93487-03-7 74900
　　　979-11-975784-0-3 (세트)

이 책을 무단 복사·전재하는 것은 저작권법에 위반됩니다.
잘못 만들어진 책은 구입하신 서점에서 교환해드립니다.

채사장의
지대넓얕

지적 대화를 위한 넓고 얕은 지식

10 거인의 어깨

글 채사장, 마케마케
그림 정용환

과학이라는 진리에 초대합니다

안녕하세요? 채사장입니다.

저는 대중들에게 인문학 강의를 하며, 책을 쓰고 있어요.

제가 난생 처음 쓴 책이 《지적 대화를 위한 넓고 얕은 지식》입니다. 바로 지금 여러분이 읽고 있는 이 책의 성인판, 여러분의 부모님도 선생님도 읽었을 책이지요. 첫 책인데도 아주 많은 사람들에게 큰 사랑을 받았습니다.

그런데 이 책은 사실, 어른이 되기 전에 읽어야 하는 내용이에요. 조금이라도 더 어릴 때 알면 좋은 내용! 그래서 어른이 아니어도 잘 읽을 수 있도록 이렇게 쉽고 재미있는 책으로 만들었습니다.

왜 저는 《지적 대화를 위한 넓고 얕은 지식》과 같은 인문학 책을 썼을까요?

대답을 위해 저의 어린 시절로 거슬러 올라가 보겠습니다. 저는 책을 읽지 않는 어린이였어요. 학교에서는 맨 뒤에 앉아 엎드려 잠만 자는 아이였지요. 세상과 사람에 대해서 통 관심이 없었어요. 그렇게 어영부영 고등학생이 된 어느 날, 너무 심심한 나머지 처음으로 책 한 권을 읽었습니다. 그 책은 소설 《죄와 벌》이었는데, 책을 읽고 저는 충격을 받았어요. 제 주변의 세계가 확 다르게 보였죠. 그때부터 저는 닥치는 대로 책을 읽기 시작했어요. 세계가 너무도 신기했고, 인간이 참으로 신비했죠.

하지만 성인이 될수록 세계를 더 잘 이해하기는커녕 도무지 이해할 수 없었어요. 왜 어떤 사람은 부자이고 어떤 사람은 가난할까? 왜 어떤 인간들은 약한 자들 위에 올라서고, 전쟁을 일으키는 걸까? 궁금했어요.

역사를 잘 살펴보니 그 답이 있었습니다. 오늘날 왜 경제에 의해서 세계가 좌지우지되는지 원인과 흐름을 이해할 수 있었죠. 인문학은 이렇게 세계를 보는 눈을 뜨게 해 줍니다.

우리 인류는 절대적이고 보편적이며 변하지 않는 진리를 찾기 위해 끝없는 탐험을 이어왔어요. 그중에서도 과학은 현대인에게 가장 큰 사랑과 신뢰를 받고 있는 진리의 후보예요. 그런데 이러한 과학의 발전은 하루아침에 이루어 진 것이 아니에요. 아주 오래전부터 여러 시대를 걸쳐서 이루어 낸 것이지요. 근대 과학의 문을 연 뉴턴은 "내가 더 멀리 보았다면 그것은 거인들의 어깨에 올라섰던 덕분이다."라는 말을 남긴 적이 있어요. 이전 세대 연구자들의 노력과 지식 위에 자신의 작업을 이어나갔다는 뜻이지요.

고대부터 근대에 이르기까지 과학은 한눈팔지 않고 성실하게, 진리에 도달하기 위해 노력해 왔어요. 어떤 인물들이 어떤 마음으로 과학이라는 진리를 바라보았는지 궁금하지 않나요? 이제부터 채, 리사, 피노와 함께 과학의 역사를 하나씩 검토하면서 먼 과거의 인물들을 만나 볼 거예요.
이 책이 끝날 때쯤이면 우리들의 세계가 아름다운 물리 법칙으로 이루어져 있다는 것을 발견할 수 있겠지요?
자, 그럼 저와 함께 과학의 세계로 떠나 봅시다!

2024년 여름에, 채사장

차례

프롤로그 신호를 보내다 · 11

1 고대의 과학
우주의 중심은 무엇일까? 21

- 채사장의 핵심 노트 프톨레마이오스와 천동설 ···· 44
- 마스터의 보고서 알렉산드리아 도서관 ···· 45
- Break time 프톨레마이오스의 별자리 ···· 46

2 중세의 과학
단순하고 아름다운 진리 47

- 채사장의 핵심 노트 오컴의 면도날 ···· 70
- 마스터의 보고서 코페르니쿠스의 지동설 ···· 71
- Break time 어떤 행성이 있을까? ···· 72

3 지동설과 수학적 근거
수학이라는 언어로 쓰인 책 73

- 채사장의 핵심 노트 갈릴레이의 지동설 ···· 98
- 마스터의 보고서 갈릴레오 갈릴레이 ···· 99
- Break time 갈릴레이의 집은 어디인가 ···· 100

4 대수학과 기하학
파리의 위치를 수식으로 표현한다고? 101
- 채사장의 핵심 노트 케플러와 데카르트 124
- 마스터의 보고서 르네 데카르트 125
- Break time 거인의 어깨에 올라타라 126

5 존재에서 관계로
우리는 서로를 당기고 있다 127
- 채사장의 핵심 노트 뉴턴, 물리학의 확장 150
- 마스터의 보고서 아이작 뉴턴 151
- Break time 가로세로 낱말풀이 152

(에필로그) 나를 구하러 와 줘 · 153

최종 정리 158

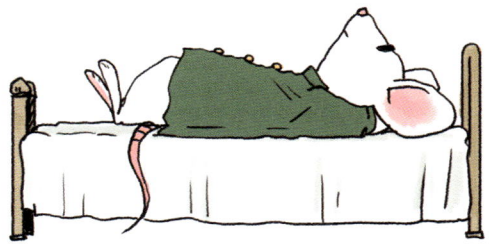

등장인물

알파

지구와 인간을 사랑했던 쪼렙신.
더 높은 단계의 신으로 승격되기 위해서는
현실 너머의 문제를 해결해야 했기에
알파는 정든 지구를 떠나 다른 우주에
몸을 던진다. 그는 지구와 똑같은 행성을
만들고 모든 진화 과정을 처음부터 겪었지만
어찌된 일인지 인간은 나타나지 않았다.
무언가 잘못된 것을 알아 버린 알파.
자신이 만든 행성에 갇혀 버린
가엾은 신은 지구에 있는 친구에게
신호를 보낸다. 슬기로운 친구 채가
과학 속에 숨어 있는 우주의 비밀을 찾아내
자신을 구하러 와 주길 바라면서…….

채

지식카페의 사장이자 알파의 친구.
시간 여행 중에 만난 알파와
여러 모험을 통해 우정을 맺었지만
하루아침에 모든 기억이 삭제되고 말았다.
그런 그를 찾아온 리사 박사와 피노는
새로운 차원으로 통하는 신호를
찾는다고 한다. 그들과 함께 신호를
추적해 나가던 채는 불현듯 기억을 되찾고
이 신호가 먼 곳에서 알파가 보낸 것임을
알게 된다. 그는 어디에 있는 걸까?
그리고 왜 신호를 보내는 걸까?

피노

리사 박사가 만든 로봇으로
다른 차원으로부터 온 신호를
감지하는 안테나가 있다.
알파가 보내는 신호를 가장 먼저
감지하고, 신호가 온 곳으로
일행을 안내한다. 로봇이지만
무척 감정적이라 감동도 잘 받고
울기도 잘 운다.

리사

우리 인류가 인지할 수 없는 추가
차원이 존재한다고 믿고, 그 통로를
찾는 과학자. 막연하게 차원의 통로를
찾아 헤매던 어느 날, 채의 카페에서
강력한 신호를 받는다. 분명 이 세계가
아닌 다른 곳에서 온 신호다.

알파의 신호를 따라가다 만난 과학자들

프톨레마이오스,
코페르니쿠스, 갈릴레이,
데카르트, 뉴턴 등
인류 과학 문명을 이끈 거인들.

이 책을 읽는 방법

이 책은 어른들을 위해 처음 만든 《지적 대화를 위한 넓고 얕은 지식》을 어린이들도 볼 수 있게 만든 책이에요. 많은 지식들을 하나의 흐름으로 정리해 주는 책이죠. 여러분만의 특별한 독서법을 통해 이야기 속에 숨어 있는 지식과 그 지식을 꿰뚫는 통찰을 발견하면 좋겠어요.

Step 1 이야기에 집중하기

처음 읽을 땐 일단 순서대로 이야기를 따라가는 데 집중해 보세요. 이야기 속 인물들은 과학의 역사를 훑어보며 다양한 학자들을 만나고 있어요. 인물들의 생각과 심리를 잘 살펴보고 "왜 그랬을까?", "이럴 때 어떤 마음이 들었을까?" 같은 질문을 던져도 좋아요. 어려운 단어나 모르는 내용이 나오면 멈춰서 찾아봐도 되지만 일단은 계속 독서를 진행해도 괜찮답니다.

Step 2 핵심 단어와 흐름 찾기

총 5화에서 펼쳐지는 이야기들은 고대부터 시작하여 근대에 이르기까지 과학사의 주요 개념을 다루고 있어요. 각각의 에피소드에서 드러나는 상황은 약간의 허구가 가미된 역사적 사실로, 세계를 이해하는 기초 지식이 포함되어 있어요. 이 기초 지식을 통해 더 복잡한 이론도 이해할 수 있을 거예요. 반복적으로 등장하는 개념이나 이론이 익숙해질 수 있도록 정보 페이지를 활용하는 것도 좋은 방법이에요.

Step 3 지적 대화 나누기

"아주 먼 옛날 사람들은 세계를 어떻게 이해했을까?"
"과학자들은 어떤 과정을 통해 지구와 우주의 비밀을 풀어 갔을까?"
"종교와 과학의 가르침은 어떻게 다르고 그 이유는 무엇일까?"
"지금 내가 사실이라고 배운 지식도 언젠가는 바뀔 수 있을까?"
책을 읽다 보면 여러 가지 의문점이 생길 거예요. 그리고 여러 번 꼼꼼하게 읽거나 다른 자료를 찾아보면 어느 정도 의문점이 해소될 수도 있을 거고요. 이렇게 내가 궁금했던 것, 발견한 내용에 대해 친구들이나 부모님과 이야기해 보세요. 토론을 통해 책을 읽은 것보다 더 큰 기쁨과 지혜를 만날 수 있을 거예요. 책의 마지막 장을 덮은 후에도 우리의 이야기는 계속 이어질 테니까요.

신호를 보내다

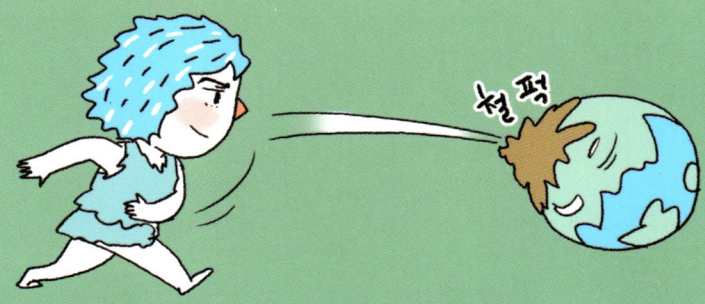

우주는 넓어. 상상하는 것만으로도
숨 막힐 정도로 광활하고 텅 빈 공간…….

그런데 그거 알아?
이렇게 큰 우주가 하나가 아니라며?

다양한 형태의 다중우주가 존재할 수 있다며?

우주가 아무리 많아도 알파에게 가장 소중한 우주는 지구라는 행성이 존재하는 우리우주였어. 지구엔 인간이 있기 때문이었지. 알파는 긴 시간 지구의 진화를 지켜보면서 인간이란 생물종에게 푹 빠져 버렸어. 할 수만 있다면 인간이 되어 영원히 인간들 곁에서 살고 싶을 정도로 말이야.

하지만 중간 단계의 신으로서 인간 세계에 계속 머무를 수는 없었어. 현실 너머의 문제를 해결해야 했거든. 소중한 친구와 억지로 이별을 하고 사건의 지평선 너머로 몸을 던진 알파. 그게 바로 신이 겪어야 할 기구한 운명이었지.

알파는 텅 빈 우주에 홀로 내던져졌어.
처절한 외로움 속에서 그는 생각했지.

나도 우주를 만들자.
까짓것 상위신들처럼
만들어 보는 거야.

그래, 빅뱅부터 진화까지 하나하나 흉내내다 보면, 인간이 처한 문제를 파악할 수 있을지도 모르잖아?

정말로 알파가 만든 행성은 실제 지구와 똑같은 과정을 거치며 성숙해지고 있었어.

하지만 아쉽게도 알파는 그 과정에서 작은 실수를 범하고 말았어. 우주에 고정되어 있는 미세한 숫자를 고려하지 못했거든.

 "그러게, 우연이라고 하기엔 너무 세밀하지. 과학자들도 이 문제 때문에 골머리를 썩고 있대. 만약 이 수치가 조금만 달라져도 우주의 모습은 완전히 바뀌었을 테니까."

 마스터는 짧은 한숨을 쉬며 알파의 눈을 바라보았어.

 "은하계도, 태양계도, 우주의 구조도, 생명과 인간의 탄생도……, 이 미세한 숫자들 때문에 가능했다고 볼 수 있어."

알파는 온몸의 힘이 빠져나가는 것 같았어. 우주 상수의 작은 차이 때문에 인간이 생기지 못할 거란 생각은 해 본 적도 없었거든. 수십 억 년의 시간을 견뎌 온 이유는 단 하나, 인간에 대한 사랑 때문이었어. 그런데 인간을 만날 수 없다니. 그는 자신이 창조한 행성에 쓸쓸하게 갇힌 신세가 되었지.

건강하던 알파가 시름시름 앓자 마스터는 여간 걱정이 되는 게 아니었어. 보다 못한 마스터는 알파에게 소리쳤어.
"어휴, 이 답답한 신 같으니! 언제까지 이렇게 절망만 하고 있을 거야?"

알파는 어리둥절했어. 거인의 어깨? 지름길? 그게 무슨 소리일까?

하지만 알파 역시 인간이란 존재가 얼마나 큰 가능성을 갖고 있는지 모르는 게 아니었어. 그들은 언제나 방법을 찾아냈거든. 시간이 좀 걸리고, 가끔 필요 이상으로 많은 희생을 치르긴 했지만 말이야. 비틀거리고 주저앉으면서도 늘 더 좋은 방향을 찾아 천천히 나아가는 존재. 그게 바로 인간이었지.

알파는 지구를 향해 신호를 보내기로 결심했어.
과학이라는 진리에 초대하는 신호를.

인간이 현실에 갇히지 않고,
현실 너머의 문제를 사유하고,
어딘가 존재하는 진리를 향해
담대하게 길을 떠날 수 있도록
독려하는 신호를.

그의 신호는 우주 전체로 퍼져 나갔고,
다른 차원으로 향해 갔어.

그리고 지구의 다양한
시간과 공간으로 가 닿았지.

때로는 별의 중력에 이끌려 빨려 들어가고,
사건의 지평선 근처에서 휘어지기도 했지만

꾸역꾸역 지구를 향해 나아갔어.

1 고대의 과학

우주의 중심은 무엇일까?

캐나다 북부의 한 마을. 나무집 안에는 은은한 주황빛이 퍼져 나가고 있었다. 작은 로봇의 몸에서 나오는 빛이었다.

"준비됐으면, 한번 가 볼까?"

리사가 묻자 채는 고개를 끄덕였다. 어느 곳으로 가게 될지 예측하는 것조차 막막했다. 그러나 채는 이 여정의 끝에 알파가 있으리라는 막연한 믿음이 있었다.

놀라운 일이었다. 어느덧 채 일행은 커다란 범선 위에 서 있었고, 고대 로마 시대의 옷차림을 하고 있었기 때문이다. 다양한 인종의 선원과 승객들이 짐을 나르고 있었다. 개중엔 보기에도 값비싸 보이는 양탄자나 도자기도 섞여 있었다. 외국의 물건을 서양 문화권에 파는 상인들이 탄 배 같았다. 한껏 예민해진 채와는 달리 리사는 그저 신이 나 보였다.

심지어 그녀는 아무렇지도 않게 처음 본 뱃사람에게 말을 걸기까지 했다.

한 선원이 돛의 방향을 조절하며 말을 받아 주었다.

"그 책이 대체 뭐기에……."

리사가 슬쩍 물으며 조금 떨어진 곳에 서 있던 채에게도 눈짓을 보냈다. 채도 귀를 쫑긋 세웠다.

"쉿, 알마게스트요. 요즘 이 책 모르는 사람은 없죠."

채는 익숙한 제목에 화들짝 놀랐다.

"우에에에……."

그때 피노가 소리를 지르려고 했다.

채는 피노의 입을 막았던 손을 천천히 떼고 사내에게로 갔다. '알마게스트'라면 그 유명한 프톨레마이오스가 썼다는 천문학 책 아닌가. 천문학 책에 어떤 신호가 숨어 있는 걸까?

"죄송하지만, 제가 좀 봐도 되겠습니까?"

선원은 떨떠름한 얼굴로 필사본을 넘겨주었다.

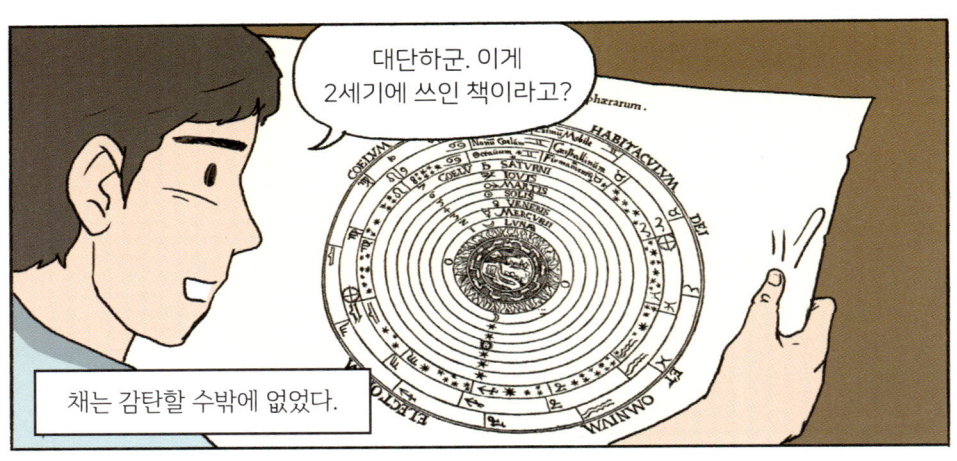

알렉산드리아.
이집트 북부에 위치한 항구 도시.

기원전 300년경 알렉산드로스 대왕은 거대한 제국을 정벌하면서 자신의 이름을 딴 도시를 세운다.

그중 나일강 유역에 위치한 알렉산드리아는 동양과 서양이 만나는 헬레니즘 문화의 전성기를 이룩했던 전설적인 고대 도시였다.

우아아.

　채가 이토록 흥분한 것도 당연했다. 알렉산드리아 도서관은 사료에만 남아 있을 뿐, 현재엔 흔적도 찾아볼 수 없는 고대 시대 건축물이었기 때문이다.

　도서관 안에는 자유롭게 토론을 나누거나 해당 분야를 연구하는 사람 등 다양한 지적 활동을 하는 고대인들을 볼 수 있었다. 채는 빠른 걸음으로 광활한 도서관의 이곳저곳을 돌아다녔다. 이런 공간을 얼마나 꿈꿔 왔던가. 플라톤, 아리스토텔레스, 에라토스테네스……. 말로만 듣고 책에서만 봤던 고대의 온갖 사상가들의 장서가 빼곡하게 꽂혀 있었다.

　한껏 들뜬 건 리사도 마찬가지. 그녀는 도서관 이곳저곳을 누비며 당시의 과학 저서들을 찾아 읽는 기쁨을 누렸다.

책을 펼치자 천동설에 대한 원리가 그림과 표로 일목요연하게 정리된 부분이 보였다.

이 책이 2세기 천문학 지식들을 집대성한 《알마게스트》였다. 책의 이름인 알마게스트는 '위대한 책'이라는 뜻이다. 원래 제목은 《천문학의 집대성》이지만 이 책을 나중에 접한 아랍인들이 알마게스트라고 불렀고, 그게 이름으로 굳혀졌다고 한다.

　대도서관을 찾은 노인은 다름 아닌 프톨레마이오스였다. 그가 학자들이 모여서 토론을 나누는 테이블로 다가가자 사람들이 반갑게 인사하며 자리에 일어났다. 프톨레마이오스는 빙그레 웃으면서 모두에게 말했다.

　"그래, 제 이론 중에 이해 안 가는 게 있다고요?"

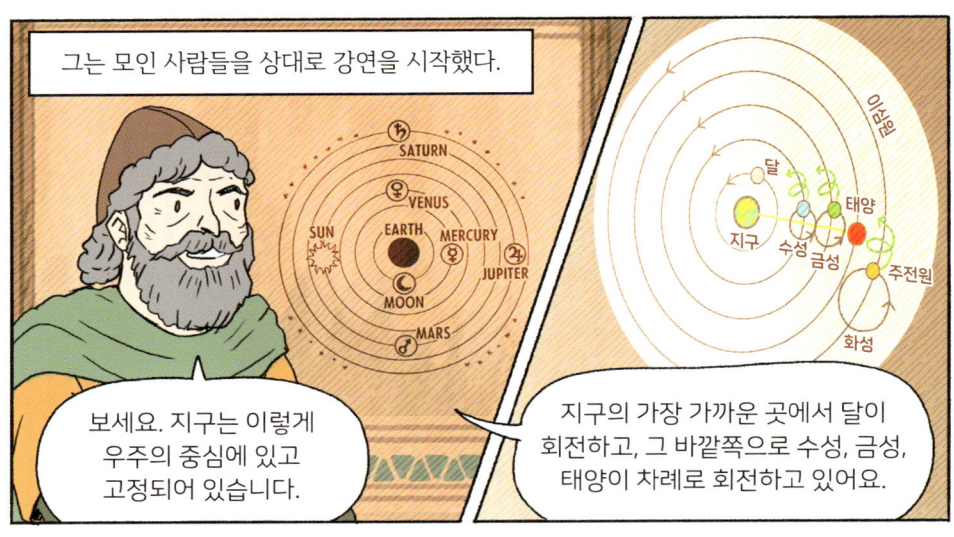

프톨레마이오스는 고개를 끄덕였다.

"그래요. 분명히 그랬지요. 아주 날카로운 질문이에요."

프톨레마이오스는 옷소매에서 천을 꺼내 손으로 둘둘 말아 뭉치며 말을 이었다.

"하지만 지구가 정말로 움직인다면 말이죠, 특이한 현상이 관측되어야 해요."

이야기를 듣던 사람들은 모두 감탄하며 고개를 끄덕였다.

그때 다른 사람이 또 손을 들고 질문을 던졌다.

"그렇다면 프톨레마이오스 님, 행성들이 지구를 중심으로 완벽한 원운동을 한다면 밝기가 일정해야 하는데, 매번 뜨고 지는 곳이 다르고 밝기도 다른 이유는 뭘까요?"

"아아, 아주 중요한 질문입니다. 우리 천체는 완벽하게 원운동을 하지만 조금 복잡한 방식으로 움직이지요. 지금부터 제가 주전원과 이심원에 대해 말씀 드리겠습니다."

설명이 끝나자 그 자리에 앉아 있는 사람들 모두 감탄했다.
"정말 대단하군. 완벽한 논리야."
"누가 감히 이 위대한 이론에 반박할 수 있겠는가?"

　채와 리사, 피노는 프톨레마이오스의 천동설 강의를 한참 동안 듣고 있었다.

　"피노, 아직도 신호가 느껴져?"

　채의 질문에 피노는 고개를 끄덕였다. 그렇다. 알파는 프톨레마이오스를 통해 자신에게 무언가를 말하려는 게 분명했다. 이곳에 숨어 있는 알파의 메시지는 과연 무엇일까?

　머뭇거릴 시간이 없었다. 늦기 전에 직접 프톨레마이오스에게 확인해야 했다.

어느덧 해가 뉘엿뉘엿 지고 하늘엔 별이 총총 떠올랐다. 강의와 질의응답까지 마친 프톨레마이오스는 도서관을 나와 천천히 집으로 돌아가고 있었다. 채는 서둘러 그의 뒤를 쫓았다.

까만 하늘엔 별들이 총총 빛나고 있었다. 현대의 하늘에서는 볼 수 없었던 거울처럼 깨끗한 밤하늘이었다. 별들은 마치 손에 잡히기라도 할 듯 생생하게 반짝였다.

"나는 하늘을 볼 때마다 별들을 이어 보곤 한답니다. 모든 별들에겐 자리가 있고, 그 먼 곳에서 우리에게 이야기를 보내 주고 있지요. 그 이야기를 해석하고 엮는 것이 이 늙은 학자의 유일한 책무가 아닐까 합니다."

오, 저기 목동자리가 보이는군요.

바로 옆의 큰곰자리가 보이나요. 목동자리는 마치 곰을 몰고 다니는 사람 같아요.

카시오페이아 자리도 보이시죠? 북두칠성이 낮은 고도로 가라앉을 땐 카시오페이아로 북극성을 찾으면 된답니다.

말을 마친 프톨레마이오스는 다시 빙그레 웃었다. 오랜 시간 강의 때문에 지친 것일까. 조금 기운 없어 보이는 미소였다. 뒤돌아 집으로 향하는 그에게 채가 외쳤다.

"마지막으로 하나만 더 묻겠습니다."

채는 대답을 꿀꺽 삼켰다. 고대의 과학과 현대의 과학은 완전히 다르다. 이미 2세기에 천체의 모든 움직임을 정리한 위대한 학자에게 이 질문은 너무 도전적인 것은 아니었을까.

"글쎄, 지구가 돈다고 볼 수도 있지만, 아직까지는 증거가 너무도 부족하다네. 물론 내 이론 또한 모든 것을 완벽하게 설명할 순 없겠지."

말을 마친 프톨레마이오스는 채를 향해 성큼성큼 다가왔다. 그리고 마치 큰 비밀을 알려 주듯 하늘을 보며 말했다.

채가 놀라 그를 보자, 나이 든 학자는 마치 소년처럼 장난스러운 미소를 지으며 채의 어깨를 가볍게 두드렸다.

"신이 창조한 이 세계에서 주인공은 우리 인간이라네."

천진난만한 그의 모습에 채도 웃음이 나왔다. 프톨레마이오스는 다시 가던 곳으로 걸어갔다. 중간 중간 하늘을 보면서.

지동설이 받아들여지지 않았던 시대, 유일한 진리였던 천동설을 이론적으로 확립한 학자. 그러나 하늘의 별을 보며 비틀거리는 노인의 뒷모습에선 권세나 영광 같은 것은 느낄 수 없었다. 그는 그저 이 세계의 진리를 궁금해하는 어린아이와 같은 모습이었으니까.

프톨레마이오스와 천동설

○ 고대의 자연철학자

아주 먼 고대에도 과학은 존재했어요. 하지만 이 시기의 과학은 지금의 과학과 조금 달랐어요. 관찰과 실험이라는 과학 고유의 방법으로 세상을 탐구한 것이 아니라 머릿속 생각을 통해 세계를 설명했거든요. 철학과 비슷하다고요? 맞아요. 이 둘은 실제로 잘 구분되지 않았어요. 이 시기의 과학자들은 '자연철학자'에 가까웠답니다.

○ 알마게스트와 지동설

2세기 중엽에 활동한 프톨레마이오스는 천문학에서 놀라운 성과를 거두었어요. 당시의 천문학 지식을 모아서 《알마게스트》라는 책을 썼거든요. 프톨레마이오스는 천동설을 주장했고, 그 근거를 수학적으로 설명했어요. 천동설은 지구를 중심으로 하늘의 천체들이 회전한다는 주장이랍니다.
인간을 세계의 중심이라고 생각한 천동설은 신이 인간 세계를 창조했다는 종교의 가르침과 잘 들어맞았어요. 그래서 1400년 동안이나 유럽인에게 거부감 없이 당연한 진리로 받아들여졌지요.

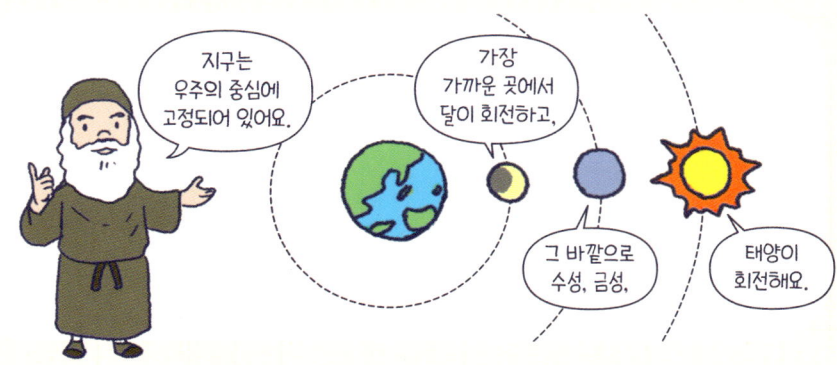

마스터의 보고서

알렉산드리아 도서관

알렉산드로스 대왕의 제국

기원전 336년, 스무 살에 마케도니아 왕으로 즉위한 알렉산드로스 대왕은 아버지의 뒤를 이어 정복 전쟁을 시작하였고 짧은 시간 안에 아시아와 유럽, 아프리카에 이르는 거대한 대제국을 건설하였다. 현재의 그리스, 튀르키에, 이란, 이라크, 이집트, 팔레스타인, 이스라엘, 아프가니스탄, 파키스탄, 인도의 일부와 중앙아시아의 일부, 그리고 북아프리카까지 펼쳐진 거대한 제국이었다. 알렉산드로스 대왕은 정복한 지역에 도시들을 건설하였는데 이 도시에서 그리스어가 쓰이고 그리스의 발달된 학술과 문화가 자리 잡았다. 그렇게 그리스 문화와 동양 문화가 결합된 '헬레니즘 문화'가 전파되었다.

특별히 알렉산드로스 대왕의 이름을 딴 도시 알렉산드리아는 문명의 중심지였다. 세계 여러 곳에 건설된 알렉산드리아 중 가장 잘 알려진 곳이 이집트의 항구 도시인 알렉산드리아다. 이곳엔 당시 세계 최대 규모의 도서관이 있었다고 전해진다. 철학, 과학, 역사, 문학 등 다양한 주제를 다루는 서적과 문서를 소장했으며 그리스의 역사학자 헤로도토스, 그리스 비극 작가 에우리피데스, 아리스토텔레스와 히포크라테스 등 그리스와 로마 시대의 저명한 철학자, 역사학자, 시인 등의 책들이 보관되었다. 그곳에서 사람들은 책을 읽을 뿐 아니라 모여서 서로의 연구를 공유하고 토론하는 분위기도 조성되었다고 한다. 안타깝게도 고대의 대도서관은 파괴되어 지금은 남아 있지 않다.

고대 알렉산드리아 도서관 지금은 남아 있지 않은 과거의 모습을 상상하며 표현한 것이다.

현재의 알렉산드리아 도서관 2002년, 옛 도서관 자리에 새로 지은 건물이다.

Break Time
프톨레마이오스의 별자리

밤하늘에 흩어져 있는 별들을 선으로 이어 보면 동물 모양도 나오고, 신화 속 영웅의 모습도 나오지. 프톨레마이오스는 다양한 문화권에서 전해지던 여러 별자리를 《알마게스트》에 정리했어. 별자리의 모습과 설명을 잘 보고, 초성 힌트를 참고해서 별자리 이름을 맞혀 볼까?

 자리

여름철에 볼 수 있는 별자리로 그리스 신화에 등장하는 아폴론의 하프 모양이다. 아폴론은 음악의 신 오르페우스에게 하프를 선물해 주었지만 오르페우스는 지하세계에서 돌이 되어 버린 아내를 그리워하다가 죽었고 주인 없는 하프만이 남았다.

 자리

봄철 하늘에 볼 수 있는 별자리로 정의의 여신 아스트레아의 모습이다. 인간들의 폭력과 분쟁이 끊이지 않자 대부분의 신들이 하늘로 올라가 버렸는데 아스테리아만 남아서 인간을 지켰다. 그러나 인간들의 거짓과 폭력이 끊이지 않자 결국 아스테리아도 떠났다고 한다.

 자리

아름다운 공주 칼리스토는 제우스의 사랑을 받았지만 이를 질투한 헤라는 칼리스토를 커다란 흰곰으로 만들었다. 제우스와 칼리스토의 아들 아르카스는 사냥꾼으로 자랐으나 숲에서 만난 엄마를 알아보지 못하고 활을 당겼다. 그 순간 제우스는 칼리스토를 하늘의 별로 만들었다고 전해진다.

 자리

미의 여신 아프로디테가 아들 에로스와 산책을 하고 있을 때 갑자기 괴물 티폰이 다가왔다. 깜짝 놀란 두 신은 물고기로 변해 강물 속으로 뛰어들었다. 훗날 이들의 모습이 밤하늘의 별자리가 되었다. 봄철에 볼 수 있는 별자리이기도 하다.

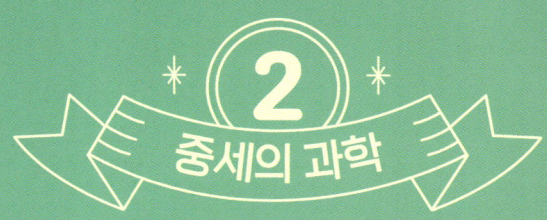

2 중세의 과학

단순하고 아름다운 진리

　　차원의 문을 열고 나온 채 일행의 눈앞에는 끝없이 너른 밀밭이 펼쳐져 있었다. 주변을 두리번거렸지만 사람 그림자도 보이지 않았다. 서로의 옷을 보니 유럽의 중세 시대인 모양이었다. 피노는 멀리서 느껴지는 희미한 신호를 감지하기 위해 주먹을 꼬옥 쥐었다.

　　"저~기예요! 저쪽으로 가 봐야 할 것 같아요!"

　　피노가 가리킨 곳을 보니 저 멀리 돌로 쌓은 성벽이 있었다.

　　"그래? 그럼 가 보지 뭐."

　　별다른 도리도 없었기에 셋은 성을 향해 걷고 또 걸었다.

긴 치마가 불편했는지 리사는 휘적휘적 걸었다.

"끼아아악! 벌집을 건드렸나 봐!"

리사였다. 그녀의 뒤로 벌떼들이 부우웅 소리를 내며 달려들었다.

"으아악, 달려요! 더 빨리! 고개를 숙이고!!"

채가 목이 터져라 소리를 지르자 리사는 전속력으로 달리기 시작했다. 평소 운동 신경이 나쁘지 않은 데다 필사적인 힘까지 더해진 어마어마한 속도였다.

　재빠르게 조치를 취한다고는 했지만 벌에 쏘인 리사의 얼굴은 보기 좋게 통통 부어 버렸다.

　"그, 그래도 전속력으로 달린 덕분에 예상보다 빠르게 성안으로 들어왔네? 헤헷."

　뭐가 좋은지 리사가 엉망진창인 얼굴을 구기며 웃었다. 아닌 게 아니라 한참 걸릴 줄 알았는데 순식간에 성문 안으로 들어온 것만큼은 불행 중 다행이었다. 리사는 잘 떠지지도 않는 눈으로 주변을 둘러보았다. 중세 시대, 성안 분위기는 제법 활기에 넘쳐 보였다. 한참을 두리번거리던 채는 소달구지에 밀가루를 싣고 있는 빵집 주인에게 다가가 물었다.

　"말씀 좀 묻겠습니다. 혹시 벌에 쏘인 사람을 치료할 만한 곳이 근처에 있나요?"

빵집 주인은 마침 수다를 떨 사람이 필요해서 선행을 베푼 것 같았다. 달구지를 끌고 가는 내내 어찌나 마을 신부님 자랑을 하는지 채는 귀가 따가울 지경이었다. 이 마을 최고의 명의라는 바로 그 사람인 모양이었다. 인품도 훌륭하고 신앙심도 깊은데 일까지 잘한다는 것이었다.

코페르니쿠스. 과학사에 관심이 전혀 없는 사람이라도 한번쯤은 들어 보았을 이름이었다. '코페르니쿠스적 전환'이라는 말이 있다. 천동설에서 지동설로 발상을 완전히 전환한 코페르니쿠스의 생각법을 딴 말이었다.

지금 그 코페르니쿠스를 만나러 가는 길이라는 건가? 채가 떨리는 가슴으로 뒤를 바라보자, 채와 눈이 마주친 피노는 작게 속삭였다.

"점점 신호가 강해지는 게 느껴져요."

성당에 다다르자 빵집 주인은 밀가루를 창고에 옮겼다. 그때 성당 뒤뜰에서 종이와 깃펜을 들고 성큼성큼 어디론가 걸어가는 남자가 보였다.

"저런, 저기 계시네. 신부님! 신부님!"

빵가게 주인은 펄쩍 뛰며 그에게로 다가갔다. 채 일행은 고개를 쭉 펴고 니콜라우스 코페르니쿠스를 바라보았다.

초상화에서 봤던 마르고 왜소한 얼굴 그대로의 모습이었다. 그러나 눈동자만큼은 영민하게 반짝거리고 있었다.

"아, 오셨는가? 안 그래도 주방에서 일하는 수녀님들이 이번 재료가 좋다고 자네를 어찌나 칭찬하시던지……."

"아유, 신부님 저도 따로 뵙고 여쭤볼 게 있었습니다요."

올해 부활절 날짜 말이에요. 언제쯤일까요? 마을 사람들이 행사를 준비한다고 벌써 서두르더라고요.

흐음, 또 그 문제로군.

"사실 내가 만든 달력으로 따지면 4월 첫째주 주일이긴 한데……. 곧 공식적인 날짜 발표가 나오겠지."

코페르니쿠스는 별일 아니라는 듯 말하고 넘어가려 했으나 빵집 주인은 눈이 휘둥그레져서 되물었다.

"네? 신부님이 달력도 만드셨다고요?"

채는 한발짝 가까이 다가가 대화를 살짝 엿들었다. 코페르니쿠스가 죽은 뒤 40년 정도 후인 1582년, 교회는 기존 달력의 단점을 보완한 그레고리력을 만들었다. 이로써 이듬해 춘분에는 밤과 낮의 길이가 같아졌고, 정확한 부활절 날짜를 지킬 수 있게 되었다. 그런데 이보다 반세기 앞선 시대에 이미 코페르니쿠스가 지동설을 기반으로 오차 없는 달력을 만들었다니. 새로운 사실에 채가 감탄하고 있을 때, 인기척이 느껴졌다.

빵집 주인은 그제서야 퉁퉁 부운 리사를 보고 놀라서 코페르니쿠스에게 말을 붙었다.

"아차, 신부님. 여기 이 분이 벌에 쏘이셨는데요……."

"저런, 빨리 치료해야겠네. 저를 따라오시죠."

일행은 코페르니쿠스가 이끄는 대로 빙글빙글 나선형의 계단을 타고 3층으로 올라갔다. 사제관 건물인 것 같았다. 코페르니쿠스가 어느 방 안으로 들어가자 그들은 문 밖에서 잠자코 기다렸다. 피노가 작은 목소리로 속삭였다.
"채사장님! 저기예요! 진짜 강한 신호가 저기 있다니까요?"
곧이어 코페르니쿠스가 천과 약초를 들고 나왔다.

저 방 안에 알파는 무슨 신호를 숨겨 둔 것일까? 치료가 어느 정도 마무리되는 듯 보이자 채는 용기를 내 신호의 정체에 대해 물어보기로 마음먹었다. 그때 복도에서 누군가가 달려왔다.

 그는 과중한 업무에 늘 시달리고 있었다. 교회의 도움으로 공부를 했으니, 빚을 갚는 심정으로 교회가 원하는 일을 열심히 수행해 왔다. 그 덕분에 윗사람에게 인정도 받았고 모두에게 덕망도 높아졌지만 코페르니쿠스가 원하는 것은 사회적 명성과는 아무 관련이 없었다. 조용한 곳에서 천체를 연구하는 것, 그것만이 그의 유일한 소망이었기 때문이다.

인상이 찌푸려질 정도로 깊은 통증이었다. 매일 밤 그는 심각한 두통에 시달렸다. 의술에도 뛰어난 그는 자신의 건강 상태가 예전 같지 않다는 것을 직감하고 있었다. 그렇다고 해서 연구를 쉴 수는 없는 노릇이었다. 찌르는 듯한 통증이 조금 옅어지자 바깥에서 나는 소리가 들렸다.

"어디, 상처는 좀 어떤지 볼까요?"

코페르니쿠스는 리사를 의자에 앉히고 붕대를 풀었다.

"잘 치료해 주신 덕분에 많이 가라앉았어요."

"다행이네요. 한 번 더 약을 바르고 새 붕대로 갈아 드리죠."

코페르니쿠스는 그렇게 말하며 테이블 위의 면도날을 집었다.

칼로 붕대를 자르던 코페르니쿠스는 날카로운 면도날에 손이 베고 말았다.

"으악, 괜찮으세요?"

"저런, 다른 생각을 하다 보니."

코페르니쿠스는 멋쩍은 듯 웃으며 자신의 손을 지혈했다.

스콜라 학파의 책을 꺼내 뒤적이던 채가 다가왔다.

"괜찮으세요? 방금 펼친 책에서 '오컴의 면도날'이라는 부분이 나왔는데 이것 참……."

코페르니쿠스는 별일 아니라는 듯 웃으며 대답했다.

"저는 괜찮아요. 그런데 오컴의 면도날이라니……, 영국학자 윌리엄 오컴의 말이군요. 그게 어떤 내용이었죠?"

지혈을 마친 코페르니쿠스는 짧은 한숨을 내쉬었다.

그는 조금 망설이는 듯 하더니 길게 말을 잇기 시작했다.

"사실 저는 대학 시절부터 천체를 바라보며 행성의 움직임을 연구해 온 사람이랍니다. 《알마게스트》에 쓰인 대로 천동설을 지지했고, 선조들이 해결하지 못한 크고 작은 오류들을 수학적으로 메우려고 노력했지요."

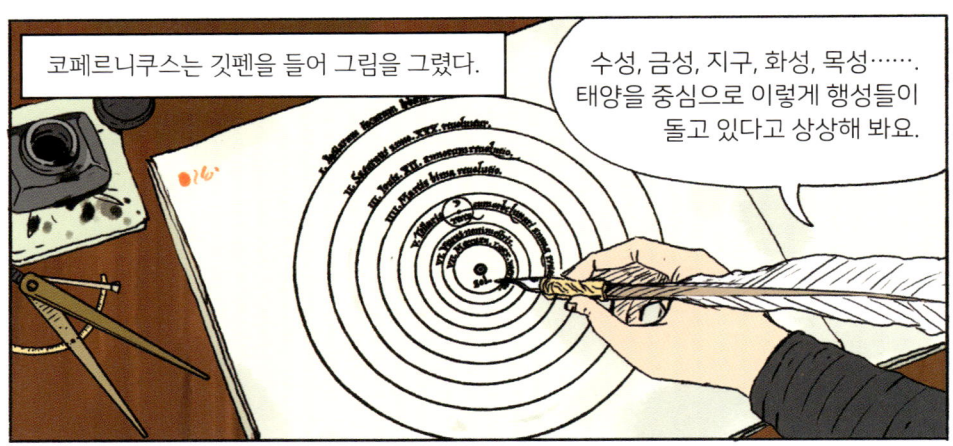

코페르니쿠스가 머리를 움켜쥐고 있을 때, 채는 양피지 종이 위에 그린 코페르니쿠스의 그림을 조용히 쓸어 보았다.
"그런데요, 이것 참 단순하고, 쉽네요."
리사도 다가와서 고개를 끄덕였다.
"간결하고 깔끔해요. 그래서 더 아름답고요."

피노의 밴드를 한참을 바라보던 코페르니쿠스는 힘겹게 몸을 일으켜 책상으로 향했다. 그러더니 다시 두통이 시작되었는지 인상을 찌푸리고는 힘겹게 깃펜을 들었다. 그는 의사이면서도 점성술사였기에 자신의 마지막이 얼마 남지 않았다는 것을 알고 있었다. 그는 호소하는 얼굴로 채와 리사에게 말했다.

"네, 약속할게요."

채 일행은 고개를 끄덕이고 조용히 나와 방문을 닫았다. 코페르니쿠스가 집중하여 책을 쓰도록 하기 위해서였다. 그가 적은 글은 훗날 《천체의 회전에 관하여》라는 책으로 발표될 것이고, 그 또한 아주 많은 시간이 지나야 세상의 주목을 받게 될 것이다. 천년 넘게 진리라고 믿었던 천동설이 한순간에 무너지지는 않을 것이었다. 하지만 언젠가 조금씩 세상이 바뀌게 된다면, 그 모든 것은 이 작은 거인의 손끝에서 시작된 것임을 채는 분명히 알고 있었다.

"멀리서 또 다른 신호가 느껴져요."

피노가 안테나를 활짝 열고 말했다. 따뜻한 빛을 내면서.

오컴의 면도날

○ 과학사의 암흑기

중세 시대는 천년이 넘는 긴 시간 동안 이어졌어요. 이 시기는 지적 역사의 암흑기라고 불리지요. 특히 과학 분야는 별다른 발전 없이 이어졌어요. 하지만 이런 분위기 속에서도 조용히 연구를 이어 가는 학자들도 있었어요. 바로 아리스토텔레스의 철학을 수용한 스콜라 철학이었어요.

특히 스콜라 철학 시기에 활동했던 신학자 오컴은 '오컴의 면도날'이라고 부르는 원칙을 제시했어요. 이는 앞으로 탄생할 근대 과학을 위한 방법론이라고 평가받고 있지요. 오컴의 면도날이란 같은 현상을 설명하는 서로 다른 두 이론이 있을 때, 논리적으로 더 간결한 이론을 선택하는 것이 보다 더 효율적이고 진실에 가깝다는 사고방식이에요.

토마스 아퀴나스   안셀무스   아우구스티누스

○ 단순한 것이 진리에 가깝다

중세 말기가 되면 종교적 믿음으로 세상을 이해하는 방식에서 조금씩 벗어나 오컴의 면도날처럼 객관적인 이론을 통해 탐구하는 방법이 이루어졌어요. 이로써 다가올 과학의 시대가 열릴 수 있는 시대적 분위기가 마련된 거예요.

코페르니쿠스의 지동설

니콜라우스 코페르니쿠스

1473년 폴란드에서 태어난 니콜라우스 코페르니쿠스는 어린 시절부터 문학, 수학, 천문학 등 다양한 분야에 관심이 많았고, 가톨릭 사제가 된 후에도 천문학에 지속적인 관심을 갖고 다양한 연구를 지속했다. 그는 교회법을 연구했고, 의학을 공부했으며 그리스어를 독학하여 번역을 하기도 했다. 외삼촌인 바첸로데 대주교의 비서로 일하며 서류와 문서를 작성하고 화폐 개혁에 관련된 논문을 작성하기도 했다.

우리가 잘 알고 있는 코페르니쿠스의 가장 큰 업적은 지구가 태양 주위를 공전한다는 '지동설'이라는 학설을 제시했다는 것이다. 이전까지 세계는 지구가 중심이며 그 주위를 태양과 다른 천체가 돈다는 천동설이 지배적이었는데 코페르니쿠스는 오래전부터 이 체계가 논리적으로 잘 맞지 않는다고 생각했다. 그리고 관찰과 연구를 중심으로 태양 중심의 우주 모델을 제안했던 것이다.

코페르니쿠스는 그의 책《천체의 회전에 관하여》를 통해 지구가 태양 주위를 공전하며 하늘의 다른 천체들도 고정된 궤도를 가지고 있다고 주장하였다. 지구가 세상의 중심이라는 교회의 입장과 완전히 다른 주장이었으므로 코페르니쿠스는 이 책의 출판을 망설였고 그가 죽은 이후인 1543년에야 책이 세상에 나올 수 있었다. 하지만 걱정할 만큼의 즉각적인 반응은 없었다고 전해진다.《천체의 회전에 관하여》는 16세기에 이르러서야 금서가 되었다가 1758년에 풀려났다. 그의 이론은 기존의 체제를 완전히 뒤엎었고, 새로운 세계를 향한 변화를 이끌었다. 그래서 다른 영역에서도 새로운 아이디어 이상으로 기존의 패러다임을 완전히 뒤집은 경우에 '코페르니쿠스적 혁명'이란 용어를 쓴다.

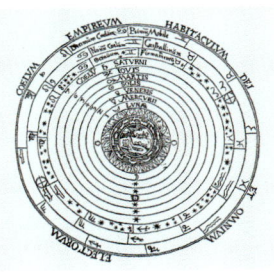 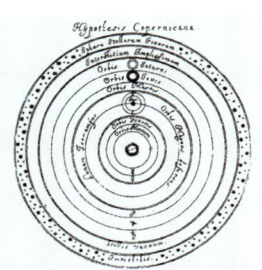

천동설(좌), 지동설(우)을 표현한 그림 지동설은 고대로부터 이어 오던 우주론을 완전히 뒤집은 이론이었다.

Break Time
어떤 행성이 있을까?

코페르니쿠스는 태양이 우주의 중심이고 지구를 비롯한 행성들이 그 주위를 돌고 있다고 이야기했어. 그렇다면 태양계에는 어떤 행성들이 있을까? 퀴즈 문제를 풀고 맞는 답에 선을 이어 봐!

- 태양계에서 가장 큰 행성은?
- '붉은 행성'이라는 별명을 가진 행성은?
- 태양과 가장 가까운 행성은?
- 물에 넣으면 뜰 정도로 가벼운 행성은?
- 밤하늘에서 가장 밝게 빛나는 행성은?

수성

금성

화성

목성

토성

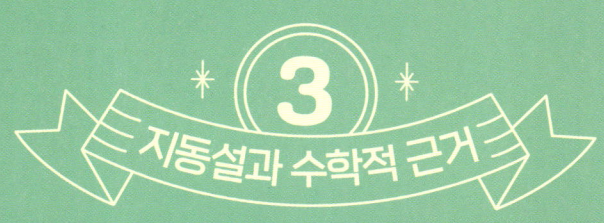

수학이라는 언어로 쓰인 책

3 지동설과 수학적 근거

　채 일행이 이번에 도착한 곳은 유럽의 한 건물이었다. 긴 회랑 옆에는 평화로운 정원이 펼쳐져 따스한 햇살이 느껴졌다.
　"피노, 여기가 어디야?"
　리사의 질문에 피노가 대답하려는데 멀리서 웅성웅성하는 소리가 들렸다. 여기가 어디인지 파악도 안 된 상태에서 낯선 상대를 마주치면 피곤한 일이 생길 수도 있었다.
　"쉿, 일단 피하자!"
　채는 급히 난간을 넘어 회랑 아래쪽의 공간으로 몸을 숨겼다.

　일행은 몸을 숨긴 채 젊은 남자들의 이야기를 엿들었다. 그들 중 한 명이 방학 동안 고향인 독일에 다녀온 모양이었다.

　"고향은 어때? 여전하지?"

　"아니, 많이 변했더라. 정말 끔찍했어. 마녀 화형식을 내 눈으로 직접 봤다니까."

　"세상에, 너희 고향에 정말 마녀가 있는 거야?"

　"무슨 소리! 그냥 혼자 사는 평범한 아주머니였다고. 재판 비슷한 걸 하긴 했는데 엉망이었어. 다들 뭔가에 홀린 듯 눈이 돌아서 그 여자를 몰아붙이는데……, 어휴."

1500년대 유럽. 많은 사람들은 끔찍한 광기에 사로잡혀 있었다. 꽤 많은 사람들이 도깨비나 요정, 마녀 등의 존재를 믿었고 때로는 애꿎은 사람에게 마녀라는 누명을 씌우기도 했다. 주로 마을에 혼자 사는 여자들이 그 희생양이었다.

어느 날 마을 사람들이 혼자서 조용히 살고 있는 한 여자를 마녀라고 의심한다. 체포된 여자는 사탄의 심부름을 했다거나, 악마와 결탁했다는 등 말도 안 되는 심문을 받는다. 처음엔 사실을 부인하지만 끔찍한 고문을 받다 보면 결국 거짓으로 인정할 수밖에 없게 된다. 자백을 했으니 결과는 화형이었다. 유럽의 민중들이 잦은 전쟁에 지쳐 있고 불안과 공포에 떨고 있기 때문이었을까? 무고한 많은 사람들이 미신 때문에 희생당했다.

"그런데 말이야, 갈릴레이 선생님은 어떻게 됐지?"

채는 갈릴레이라는 말에 정신이 번쩍 들었다. 모두 미신을 믿던 시대에 과학이라는 진리를 찾아 헤맨 이들이 있었다. 그중 한 명이 바로 갈릴레오 갈릴레이였다.

그때 멀리서 학생들을 부르는 소리가 들렸다. 수업 시간이 다 된 모양이었다. 학생들은 소리를 듣자마자 부리나케 강의실을 향해 달려갔다. 그제야 몸을 웅크리고 있던 채 일행은 서서히 난간 아래에서 나올 수 있었다. 그들은 조금 전까지 학생들이 있던 회랑으로 올라가 몸을 쭉 펴고 스트레칭을 했다. 하도 오래 쭈그리고 있었더니 몸 이곳저곳이 쑤시는 것 같았다.

그때였다. 복도 끝에서 어두운 색깔의 옷을 입고 커다란 책을 든 사내가 저벅저벅 다가왔다.

"한심하군! 곧 수업이 시작인데 아직도 시시덕거리고 있는 건가?!"

채와 리사, 피노는 놀라서 뭐라고 대답도 못하고 떨고만 있었다. 아마 이번 수업을 진행하는 교수인 것 같았다.

강의실에는 미리 자리를 잡은 학생들이 교수를 맞이했다. 조금 전 회랑에서 마주친 학생들도 그곳에 앉아 있었다. 채와 리사, 피노도 눈치껏 빈자리에 앉아 앞을 보았고 교수는 앞으로 성큼성큼 걸어가 책을 펼쳤다.

과목은 하필이면 수학이었다. 교수는 고대 그리스 시대에서부터 학자들이 정리한 수학 공식을 읊어 주었다. 그는 설명을 하다가도 학생들에게 갑작스럽게 방정식 문제를 내기도 했다.

분명 배운 내용인데 왜 이렇게 생각이 나지 않는지. 채는 머리를 벅벅 긁었다. 조용한 강의실에는 사각사각 문제 푸는 소리만 들리다가 이따금 '하아'하는 탄식 소리도 들려왔다. 교수는 장난스러운 웃음을 짓더니 잠시 책을 덮었다.

교수의 힘 있는 말 한마디에 학생들의 눈은 반짝반짝 빛났다. 그때 채가 조심스럽게 손을 올렸다. 교수와 눈이 마주치자 그는 거침없이 질문을 했다.

"교수님, 어떤 이들은 수학을 사람들 간의 약속이라고 정의하곤 합니다. 그런데 그 약속은 시대나 장소가 바뀌면 변하는 거 아닙니까? 그렇다면 진리라고 말하기 어려워지는 게 아닐까요?"

"저도 질문이 있습니다."

이번에는 다른 학생이 손을 들었다. 교수가 고개를 끄덕이자, 그는 일어나서 목을 가다듬고 물었다.

"아까 교수님 말씀 중에 '우주는 수학이라는 언어로 쓰인 책.' 이란 말을 하셨다는 분 말입니다."

학생의 눈동자는 잠시 흔들렸다..

"만약 실례가 안 된다면 그분의 존함을 여쭤봐도 될까요?"

그가 질문을 끝내고 자리에 앉을 때까지 교수는 대답이 없었다. 무언가 망설이는 듯한 얼굴이었다.

수업이 끝나자 리사는 교수를 찾아갔다.
"무슨 일인가?"
교수의 물음에 리사는 뜬금없는 소리를 하기 시작했다.
"세계가 마녀나 마법 같은 것에 두려워하고 있을 때, 진짜 신비로운 것을 밝혀내는 누군가가 있어야 한다고 생각합니다!"

"아, 안녕하십니까 선생님. 저희는 사실……."

채가 제대로 말을 잇지 못하고 주저하자 리사가 냉큼 말을 가로채더니 거짓말로 소개했다.

"저희는 피렌체 대학의 학생이에요! 학교에서 이런 걸 주웠는데 혹시 선생님의 물건이 아닌가 해서 찾아드리려고 왔죵."

리사가 망원경을 불쑥 내밀자 갈릴레이는 그것을 더듬더듬 만져 보았다. 마치 눈이 보이지 않는 것 같았다.

갈릴레이는 일행을 향해 문을 활짝 열어 주고는 안으로 들어갔다.

"아이고, 온갖 귀족들이 이걸 갖고 싶어서 난리들이었어. 사냥감을 찾거나 적군을 살피는 데 이 망원경만 한 게 없었거든."

갈릴레이는 작은 망원경을 열어 하늘로 향했다.

"하지만 나는 달랐지. 하늘을 보는 데 썼단 말씀!"

갈릴레이는 눈에 망원경을 대어 보더니 뭐가 재밌는지 낄낄 웃었다. 그는 망원경을 채에게 내밀었다.

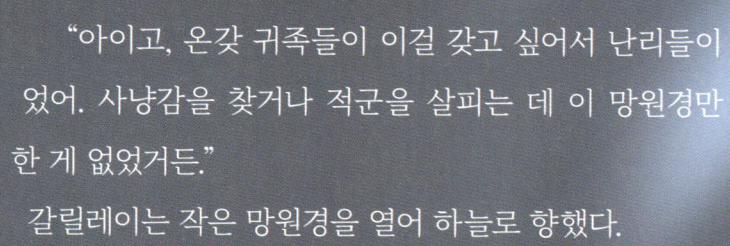

뭐가 보이나?

흐릿한 망원경이 초점이 잡히면서 커다란 달이 제법 선명하게 눈에 들어왔다.

네, 달이 보입니다.

별것 아닌 듯 보이는 망원경의 성능은 나름 대단했다. 얼룩덜룩한 달 표면과 크레이터까지 확인할 수 있었다. 갈릴레이는 뭐가 재미있는지 계속 이상한 소리로 웃으며 물었다.

"크큭, 그렇지? 어떻게 생겼는지도 보이나?"

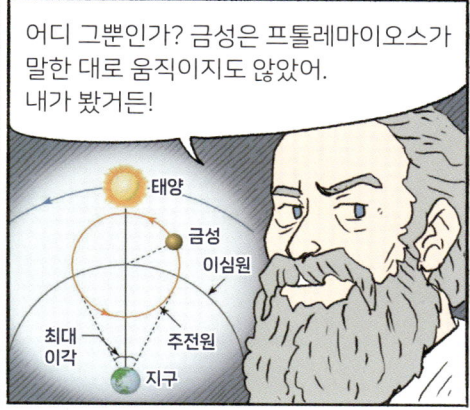

마치 대단한 비밀을 듣는 것만 같아 채는 자기도 모르게 침을 꼴깍 삼켰다. 갈릴레이는 어깨를 으쓱 하며 중얼거렸다.

"교황이 때려 죽인다고 해도 어쩔 건가. 눈에 보이는데."

결국 그랬다. 어떤 편견과 경직된 사고도 그의 연구를 막을 수는 없었다. 그는 있는 그대로의 자연을 보고, 파악하고, 그 안에 숨어 있는 진실을 찾아 세상에 알리고 싶었을 것이다.

망원경을 건네받은 채가 할 말을 생각하는데, 갈릴레이가 또다시 낄낄 웃으며 말했다.

"날 가엾게 생각하지 말게. 내 꿈은 누군가가 이뤄 줄 테니까."

그의 목소리는 어쩐지 신이 난 듯 들떠 있었다.

"그래, 언젠가는 진리를 진리로 인정하는 시대가 찾아올지도 모르지."

낄낄대는 그의 웃음소리와 함께 문이 다시 쾅 닫혔다. 채는 빙그레 웃으며 망원경을 눈에 대고 먼 밤하늘을 보았다. 밤하늘 어딘가에 숨어 있는 알파의 메시지를 찾아보기라도 하듯이.

갈릴레이의 지동설

○ 코페르니쿠스의 지동설

중세가 저물고 르네상스가 태동하던 시기, 비로소 과학적인 탐구방법이 등장했어요. 코페르니쿠스는 15~16세기에 활동했던 폴란드의 천문학자예요. 1400년간 진리로 받아들여진 천동설을 비판하고 지동설을 주장한 것으로 유명했지요.

코페르니쿠스는 교회와의 마찰을 걱정해 책의 출간을 주저했지만 생각보다 이 책은 사회에 큰 문제를 일으키지 않았어요. 수학적 근거를 충분하게 제시하지 못했기 때문이지요. 하지만 코페르니쿠스의 지동설은 행성들의 운동을 아주 단순하면서도 아름답게 표현했어요. 코페르니쿠스적 전환은 과학적이라기보다 미학적인 측면이 컸다고 볼 수 있어요.

○ 갈릴레이의 지동설

지동설의 선구자로 평가받는 인물은 갈릴레이예요. 16~17세기 이탈리아에서 활동한 갈릴레이는 정확한 관측 자료와 수학적 근거를 바탕으로 지동설을 지지했어요. 갈릴레이는 자연 과학의 원리에 수학을 적용시키기 위해 힘썼지요.

갈릴레이의 저서 《프톨레마이오스와 코페르니쿠스의 2대 세계 체제에 관한 대화》가 교황청에 의해 금서가 되고, 종교 재판에서 의견을 철회하도록 강요받은 것도 코페르니쿠스에 비해 갈릴레이의 근거가 수학적이었기 때문이에요. 갈릴레이가 과학의 아버지로 평가받는 이유는 그가 과학적 관찰과 수학적 근거를 함께 제시하는 방법론을 처음으로 시도했기 때문이에요.

마스터의 보고서

갈릴레오 갈릴레이

갈릴레오 갈릴레이

코페르니쿠스가 세상을 떠난 지 약 20년 뒤, 1564년 이탈리아 피사에서 갈릴레오 갈릴레이가 태어났다. 그는 어렸을 때부터 수학과 과학에 흥미를 보였고, 청년기에는 피렌체에서 의학을 공부하였다. 하지만 의사가 되는 것보다는 물리학과 수학에 더 큰 관심이 있었다고 한다. 특히 그는 '우주는 수학 문자로 쓰인 책'이라는 말을 남겼을 정도로 자연 과학 원리에 수학을 적용하기 위해 힘썼다. 훗날 피사 대학의 수학 교수가 되었고, 피사의 사탑에서 실시한 낙하 실험으로 아리스토텔레스 역학의 오류를 밝힌 것으로 널리 알려졌다. 이것은 실제로 한 실험이 아니라 머릿속으로 한 사고 실험이었다고 전해진다.

1609년, 갈릴레이는 네덜란드에서 발명된 망원경에 대한 소식을 듣게 되었다. 초창기 망원경은 두 개의 렌즈를 사용하여 먼 거리의 물체를 확대해서 보는 간단한 형태였는데, 갈릴레이는 이 망원경을 개량하여 천체 관측을 하는 데 사용하였다. 그는 망원경을 통해 달의 표면을 보았고, 태양의 흑점과 목성 주위를 도는 네 개의 위성을 발견했으며 토성의 고리로 추정되는 형태도 최초로 관측하였다. 이러한 관측 자료를 통해 태양이 우주의 중심이며 지구를 비롯한 다른 천체들이 태양 주위를 돈다는 지동설을 확신했다. 평소 논쟁을 좋아하던 그는 천동설을 주장하는 이들에게 지동설을 설파했지만 이러한 입장은 로마 가톨릭 교회의 공식적인 입장과는 반대되는 것이었다. 갈릴레이의 저서 《프톨레마이오스와 코페르니쿠스 2대 세계 체제에 관한 대화》는 교황청에 의해 금서가 되었고, 갈릴레이는 재판에서 지동설에 대한 입장을 포기하기로 서약한다. 그는 유죄 판결을 받고 피렌체 근처의 집에서 남은 생애를 보내면서도 연구에 전념하였다고 한다.

종교 재판 1633년 갈릴레이는 종교 재판을 받고 지동설을 더 이상 주장하지 않을 것을 약속했다.

Break Time
갈릴레이의 집은 어디인가

채와 친구들이 갈릴레이의 집을 찾고 있어. 꼬불꼬불 미로찾기로 그의 파란만장한 생애를 되짚어 보자.

출발 ▶

- 의학 공부 포기
- 목성의 위성 발견
- 망원경으로 천체 관측
- 천체 운동에 대한 대화 출간
- 교황청과의 갈등과 종교 재판

도착 ▶

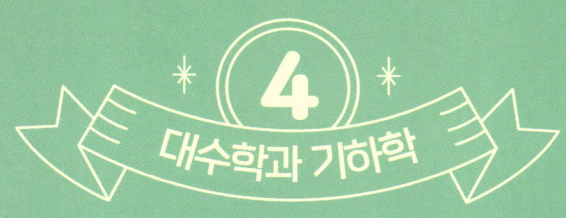

4 대수학과 기하학

파리의 위치를 수식으로 표현한다고?

특히 겨울은 밤이 길었다. 잠이 오지 않는 밤이면 알파는 한참이고 하늘을 바라보았다. 별을 이어 그림을 만들기도 하고, 행성들이 시간에 따라 움직이는 모습도 관찰하기도 했다.

별이 보이지 않는 낮이면 행성에 있는 온갖 생물들을 관찰했다. 그림자를 보고 나무의 높이를 측정하거나 나팔꽃이 시간에 따라 꽃잎을 펼치고 오므리는 모습을 기록하기도 했다.

"특히 원에 대해서는 아주 잘 알지. 신인 내가 보기에도 가장 완벽하고 완전한 도형이거든."

마스터는 '오~, 웬일?' 하는 눈으로 알파를 바라보았다.

"원은 중앙의 한 점에서 어디로 선을 그어도 거리가 같은 도형이야. 원이야말로 행성의 궤도와 우주의 신비를 표현할 수 있는 유일한 도형 아니겠어?"

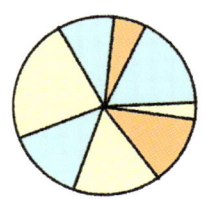

"뭐, 많은 사람들이 너처럼 생각하던 때가 있었지. 꽤 많은 천문학자들이 아주 오랫동안 행성이 원 모양으로 돈다고 믿었어. 17세기 독일의 천문학자 케플러도 마찬가지. 케플러는 갈릴레이의 지동설을 지지했거든. 그는 선배들이 남긴 방대한 천문학 자료를 살펴보며 우주를 기하학적으로 표현하려고 노력했대."

"결국……, 모든 건 다 수학이었네?"

알파는 전문적으로 수학을 공부해 본 적은 없었다. 하지만 고대 시대부터 인간들이 수학 문제를 만들고 풀어 오는 과정을 쭉 지켜봐 왔다. 그랬던 인간이 어느 순간부터 기하학을 우주에 적용한 것이다. 수학이 우주 안으로 들어온 순간, 이제 우주는 기하학의 세계가 되었다.

앞으로도 인간은 신이 자연 속에 꽁꽁 숨겨 둔 비밀을 수학이라는 무기로 조심스럽게 풀어 나갈 것이었다.

그때 파리 한 마리가 '위잉' 소리를 내며 알파 곁으로 다가왔다. 오동통한 몸집에 반짝거리기까지 하는 파리였다.

"윽, 뭐야. 귀찮은 녀석."

마스터는 꼬리를 휘둘렀지만 알파는 자신의 코끝에서 알짱거리는 파리를 보고 피식 웃음을 지었다. 그렇다. 이 파리는 알파의 행성에도 있고 지구에도 있는 녀석이었다.

"뭐, 뭐야 또 여긴 어디지?"

그들은 어느 벌판에 도착했다. 채가 주변을 둘러보니 통나무로 대강 만든 막사와 17세기 군복을 입은 군인들이 보였다.

"푸핫, 우리 군인 된 거야?"

잔뜩 긴장한 채와는 반대로 리사는 재밌어 죽겠다는 듯 웃음을 터뜨렸다. 피노는 걱정 가득한 얼굴로 소곤거렸다.

"왜 여기에 신호가 잡혔는지는 모르겠어요."

어느 텐트 앞에는 몇몇 군인들이 모여 앉아 농담을 하고 있었다. 한때는 지긋지긋한 전쟁이 유럽을 할퀴고 지나갔지만 다행히 지금은 출동도 없고 훈련도 없이 지루한 시간을 때우는 중이라고 했다.

작은 스토브 위에서는 보글보글 물이 끓고 있었다. 채는 동료의 손에 들려 있는 커피 그라인더를 낚아채듯 가지고 왔다.

지식카페에서 다양한 방식으로 커피를 추출해 본 채였다. 잠시 후 향긋한 커피 향이 퍼지자 군인들은 작은 탄성을 질렀다. 그들은 각자 코펠에 커피를 따라 한모금 마시고는 기분 좋은 미소를 지었다.

따뜻하고 맛 좋은 커피 덕분일까? 군인들은 금세 친근한 사이가 되어 서로의 이야기를 가감 없이 나누었다. 고향에 두고 온 가족 이야기를 하기도 하고, 기강이 잡히지 않은 부대를 탓하기도 했다. 누군가는 새로 부임한 상관을 흉보기도 했다.

"자네 우리 상관에 대해 뭐 좀 아는 게 있나 봐?"

"그, 그게……"

르네 데카르트. 그는 근대 철학의 시작점을 연 프랑스의 철학자이자 과학자, 그리고 수학자였다. 21세기를 살던 채도 평소 존경해 온 위대한 인물이었다. 그런데 지금 저 막사에서 뒹굴거린다는 그 게으른 상관이 바로 최고의 철학자 데카르트라니. 채는 떨리는 마음에 침을 꿀꺽 삼켰다.

그때 파리 한 마리가 군인들 앞으로 날아왔다.

피노와 채는 손을 휘저으며 파리를 잡으려고 애썼지만 파리는 잘도 피하며 빠르게 날아갔다.

막사 안 침대 위에서는 이제 막 잠에서 깬 데카르트가 뒹굴거리고 있었다.

그는 태양을 피하려고 벽쪽으로 슬쩍 몸을 굴러 보고, 몸이 불편해지면 반대편으로도 굴러 보았다. 아주 나른하고 느린 몸동작이었다. 그러나 몸과는 달리 그의 머릿속은 너무 많고 복잡한 생각으로 바쁘게 움직이고 있었다.

나른하게 움직이는 파리를 힘없이 바라보던 천재에게 갑자기 재미난 생각이 불꽃처럼 스치고 지나갔다.

'가만있자, 저 파리의 위치를 수식으로 표현할 수 있을까?'

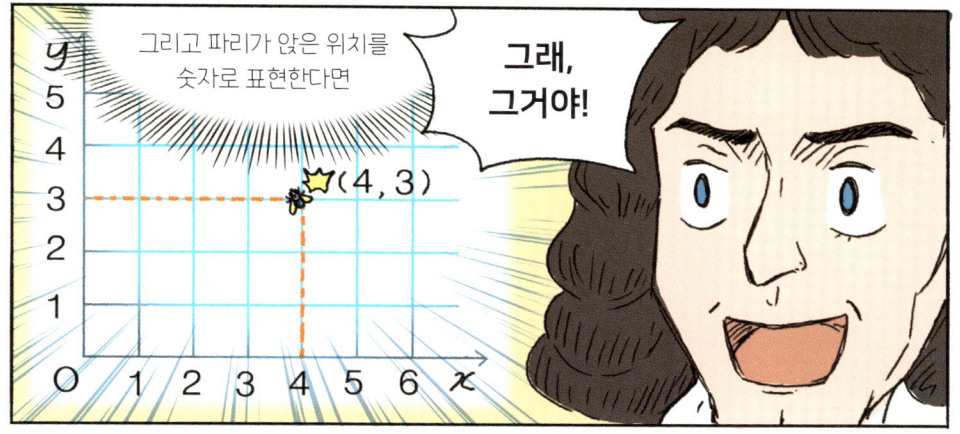

그의 머릿속에 불이 환하게 켜지는 것 같았다. 좌표평면!

가로인 x축과 세로인 y축을 갖는 2차원의 평면에 도형을 올려놓으면 이것을 문자로 표기할 수 있을 것이다. 파리가 아닌 그 어떤 모형이라도 수학으로 표현할 수 있는 것이었다.

'빨리, 이 아이디어를 적어야 해!'

데카르트는 일어나 급하게 자신의 막사를 뒤져 보았지만 종이와 펜이 선뜻 보이지 않았다.

그는 다급하게 문을 열고 외쳤다.

"이봐! 아무나 나에게 종이와 펜을 좀 갖다 줘! 당장!"

그때 기다렸다는 듯 필기구를 내미는 병사가 있었다.

"여기 있습니다. 장교님."

바로 채였다. 데카르트는 처음 보는 병사의 깍듯한 매너에 깜짝 놀랐지만, 이내 흥분을 제어하지 못하고 말을 걸었다.

눈앞의 보초병은 통 알아듣기 어려운 소리를 계속 이어갔다.

"이집트와 그리스에서 시작된 기하학의 물줄기와 아랍과 인도에서 출발한 대수학의 물줄기가 드디어 하나의 물줄기로 만나서 합쳐졌네요."

"뭐, 뭐? 뭔 소리야?"

그렇다. 데카르트 이전에는 수학의 두 분야인 기하학과 대수학이 따로따로 발전했다. 그런데 이 좌표계로 인해 두 학문이 하나로 연결된 것이었다. 하지만 데카르트 자신도 지금은 이 엄청난 사실에 대해 알 턱이 없었다.

　보초병은 씨익 웃더니 꾸벅 인사를 하고 막사 건너편 벌판으로 달려갔다. 그의 곁에 분홍색 머리를 한 곱상한 병사와 유난히 키가 작은 소년 병사가 보이는 듯 싶더니, 순식간에 그 셋 모두 흔적도 없이 사라지는 것이 아닌가!

케플러와 데카르트

○ 티코 브라헤와 케플러

갈릴레이의 지동설을 추가적으로 보완한 인물은 비슷한 시기에 활동했던 독일의 천문학자 케플러예요. 그의 스승 티코 브라헤는 전문적인 관측 기기를 이용해 방대한 천문학 자료를 남겼어요. 케플러는 그 자료를 기반으로 우주를 기하학으로 표현하기 위해 노력했어요. 케플러는 행성의 궤도를 원이 아닌 타원으로 바꾸고 이를 기반으로 케플러의 법칙을 찾아냈어요.

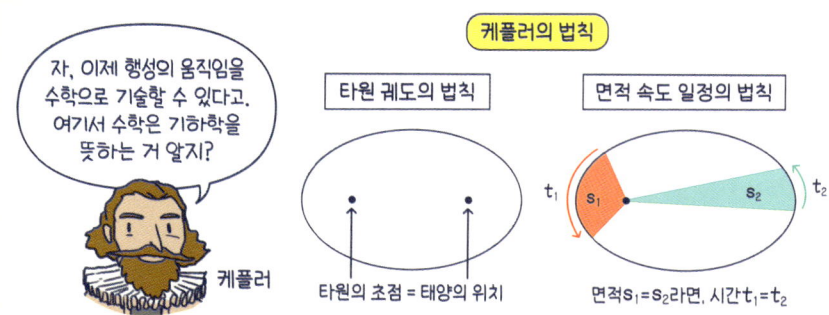

○ 대수학과 기하학의 만남

얼마 후 데카르트가 기하학과 대수학을 연결하는 해석 기하학을 탄생시키면서 과학은 새로운 국면을 맞게 되었어요. 대수학은 숫자와 문자로 수학식을 기술한 방정식 같은 수학 분야를 뜻해요. 'y=2x+3' 이렇게 상수, 변수로 수식을 표현한 것이 대수학이죠.

데카르트 전에는 대수학과 기하학이 따로 발전했지만 데카르트가 좌표 평면을 생각하면서 동그라미, 삼각형, 직선과 같은 기하학의 대상도 숫자와 문자로 된 대수학으로 표현할 수 있게 되었답니다.

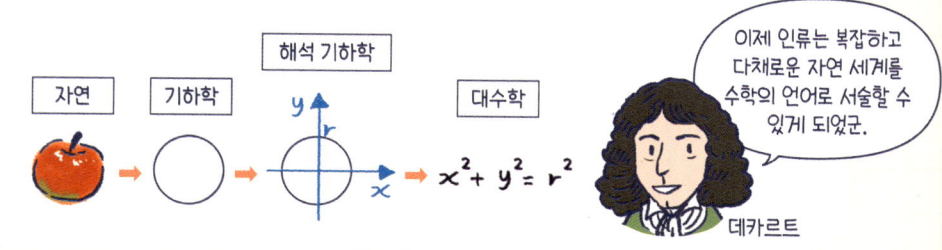

마스터의 보고서

르네 데카르트

르네 데카르트

17세기에 활동한 데카르트는 "나는 생각한다. 고로 나는 존재한다."라는 현대 철학을 대표하는 말을 남긴 프랑스의 철학자, 수학자, 과학자이다. 데카르트는 1596년 프랑스에서 태어났다. 어린 시절부터 몸이 허약한 탓에 늦잠을 자느라 지각을 자주 하는 학생이었다. 그러나 불성실한 태도에 비해 수학 실력은 무척 출중했다. 이후 파리에 있는 대학에 진학하여 법학, 수학, 스콜라 철학을 공부했지만 잠이 많아 학교 생활에 잘 적응하지는 못했다고 전해진다.

청년 데카르트는 네덜란드 군 입대 광고를 보고 바로 군에 지원한다. 네덜란드는 다른 유럽 국가에 비해 자유로운 사고방식을 가진 나라였고, 때마침 전쟁이 없어 비교적 여유로운 군 생활을 할 수 있기 때문이었다. 데카르트가 군대 막사에서 낮잠을 방해한 파리의 위치를 나타내기 위해 좌표를 생각했다는 일화는 유명하다. 그렇게 그의 침대 위에서 도형을 다루는 기하학과 식을 다루는 대수학이 하나로 합쳐지는 역사적인 사건이 일어난 것이다. 이는 미적분과 현대 과학이 탄생하는 데 결정적인 공을 세웠다고 평가받고 있다.

데카르트는 자유분방하게 새로운 철학을 탐구하면서 진리를 찾기 위한 방법 또한 연구하기 시작했다. 그 방법이란 확실히 믿을 수 있는 것을 찾을 때 까지 모든 것, 나 자신까지 의심하는 것이었다. 기존에 진리라고 알려진 모든 것을 의심한 후에 그가 찾은 문장이 바로 '나는 생각한다. 고로 나는 존재한다.'이다. 모든 것을 의심하는 나라는 존재가 유일하게 의심할 수 없는 진리라는 뜻을 담고 있는 말이다. 이와 같은 데카르트의 인간과 존재에 대한 탐구를 통해 철학은 크게 발전할 수 있었다.

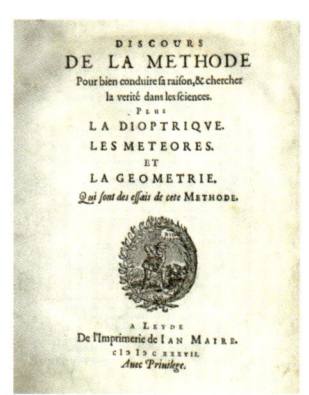

《방법서설》 르네 데카르트가 1637년에 쓴 철학서로 이 책에서 좌표계가 처음 소개되었다.

Break Time
거인의 어깨에 올라타라

뉴턴이라는 과학사의 위대한 거인이 나타나기 전까지 근대 과학을 이끌어 준 많은 과학자들이 있었어. 어떤 학자들이 있었는지 말풍선에 알맞은 기호를 써 보자.

A 나는 진자 운동의 규칙을 발견하기도 했고, 자유낙하 실험을 하기도 했어. 망원경으로 천체를 관찰했고, 나의 연구는 지동설을 뒷받침하는 증거가 되었지.

B 내가 쓴 책의 제목은 《천체의 회전에 관하여》라네. 이 책을 통해 난 지동설을 지지했지. 지구와 우주에 대한 사람들의 이해를 근본적으로 바꾸었다고 하더군.

C 나의 스승 티코 브라헤는 자료를 많이 남겼고 난 행성의 운동에 관한 법칙을 발견했어. 첫 번째는 행성이 태양을 타원 궤도로 운동한다는 것이고, 두 번째는 행성이 태양에서 멀수록 더 천천히 움직인다는 거야.

D 난 나의 천문대에서 행성의 움직임을 세밀하게 기록했네. 천문학적 관측을 위한 기구를 개발했지. 특히 천문대는 당대의 천문학 연구에 혁신을 가져왔다고 해.

케플러

갈릴레이

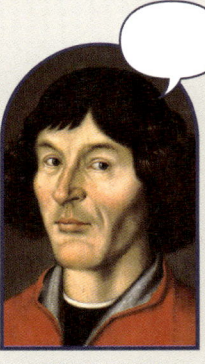
코페르니쿠스

티코 브라헤

5 존재에서 관계로

우리는 서로를 당기고 있다

> 높은 언덕 위,

> 하아아암!

> 알파는 나무에 거꾸로 매달려서 지루한 시간을 보내고 있었다.

그때 알파의 눈에 언덕 아래로 휙하고 지나가는 동물이 보였다. 언뜻 보니 마치 꼬리가 없는 영장류 같았다.

"혹시······?"

드디어 인간의 조상이 알파의 행성에 나타난 것일까? 알파는 정신이 번쩍 나는 것 같았다. 나무에서 내려온 알파는 언덕 아래로 냅다 달리기 시작했다.

"하아, 아파라."

사과나무에 머리를 정통으로 맞은 알파는 눈물이 찔끔 날 정도로 아팠다. 근처에 있던 마스터가 다가와 혀를 끌끌 찼다.

"거봐, 내가 뭐랬어? 그러다 넘어진댔지?"

어느덧 알파의 머리 위엔 커다란 혹까지 쑤욱 올라와 있었다. 알파는 괜히 마스터에게 화풀이를 했다.

"치잇, 내가 넘어질 거란 걸 네가 어떻게 알았는데?"

"후후, 지구의 물리 법칙이 이 행성에서 그대로 적용된다면 충분히 예측 가능하지 않겠어?"

그렇다면 알파의 신호는 어떨까? 지구를 향해, 채를 향해 끊임없이 보내 온 신호들은 언젠가 그들에게 가 닿아 알파에게 응답해 주지 않을까?

아무리 멀리 떨어져 있어도, 결국 우리 모두는 서로를 끌어당기는 존재였다. 알파는 잘 익은 사과를 한입 더 베어 물었다. 이번엔 이 사과에 신호를 보내기로 마음먹었다.

　페스트. 중세 유럽에서 유행하여 수많은 이들의 목숨을 앗아간 인류 역사 최악의 감염병이었다. 쥐벼룩이 매개가 되어 병을 옮겼고, 걸린 사람은 흑사병이란 이 병의 다른 이름처럼 피부에 검은 반점이 생기며 빠르게 사망했다. 신이 내린 천벌이라고 생각할 정도로 사람들은 이 병을 두려워했다. 그런데 하필이면 전염병이 창궐한 곳으로 오게 되다니.

　"우리도 일단 안전한 곳으로 피하죠?"

　채가 말하자 리사가 끄덕였다.

　채는 사람이 없는 한적한 통로로 달려갔다. 그 순간, 맞은편에서 뛰어오던 청년과 정면으로 부딪히고 말았다.

리사는 단박에 청년의 정체에 대해서 알아차릴 수 있었다.

'1600년대 영국 케임브리지 대학에서 과학을 공부하는 학생의 이름이 뉴턴이라……, 이거 재미있는걸?'

그녀는 아직도 주저앉아 있는 청년을 일으켜 세우며 과도하게 친절한 말투로 인사했다.

"어머나~. 알고말고요. 아이작 뉴턴 씨 아닌가요?"

뉴턴은 이 상황이 잘 믿기지 않았다. 뉴턴의 어머니는 다정하게 자식을 챙겨 줄 사람이 아니기 때문이었다. 그러나 더 이상 학교에 머무를 수는 없는 노릇이었고, 누군가 귀찮은 짐을 집까지 대신 들어 준다니 나쁘지 않았다.

　채 일행이 도란도란 이야기를 나눌 때도 뉴턴은 말이 없었다. 대신 그는 주머니에서 작은 프리즘을 꺼내어 작은 창에 갖다 대었다. 프리즘을 통과한 햇빛은 천장에 일곱 빛깔 무지개를 만들어 냈다. 그제야 뉴턴의 얼굴에서 불안한 기운이 사라지고 아이 같은 천진한 미소가 스쳐 지나갔다. 채는 그에게 조심스럽게 물었다.

　"아이작 씨, 고향에 도착하면 하고 싶은 일이 있나요?"

　뉴턴은 무척 진지한 눈빛으로 고개를 끄덕였다.

　"꼭 해야 할 실험이 있소."

1664년은 과학자들에게 기적의 해라고 불린다. 바로 뉴턴이 만유인력을 발견한 해이기 때문이다. 이 마차가 고향 집에 도착하면 그 위대한 발견을 눈앞에서 볼 수 있는 걸까? 그 광경을 떠올리며 리사와 채는 한껏 마음이 설렜다.

리사는 속이 터진다는 듯 가슴을 팡팡 쳤다. 그 모습을 본 채는 피식 웃었다. 아직 과학과 종교가 완벽하게 분리되지 않는 시대였다. 그리고 연금술은 이 모든 것들을 느슨하게 연결해 주고 있었다. 뉴턴은 물리학자이자 천문학자, 수학자, 연금술사, 그리고 신학자이기도 했으니 말이다.

채는 다시 헛간으로 들어가서 큰 소리로 뉴턴을 불렀다.

"아이작 씨, 잘 익은 사과가 지천에 널렸는데 여기 쳐 박혀서 연금술만 할 거예요?"

그 소리에 뉴턴이 하던 일을 멈추고 채를 바라보자 채는 빙그레 웃으며 뉴턴을 향해 사과를 가볍게 던져 주었다. 하지만 아뿔싸. 생각보다 뉴턴은 운동신경이 둔했다. 사과를 받을 줄 알았지만 머리에 정통으로 맞고 만 것이다.

"엥? 중력에 대해 이미 알고 있었네요?"

피노가 놀라서 되물었다. 리사와 채도 깜짝 놀랐다. 그들을 포함한 대부분의 사람들은 뉴턴이 고향집 사과나무에서 떨어지는 사과를 보고 중력의 개념을 발견했다고 알고 있었기 때문이다.

　혼잣말을 하는 뉴턴의 눈빛이 여느 때와 다르게 반짝하고 빛났다. 그 순간 채는 알파를 떠올렸다. 알파도 그랬다. 무언가를 골똘하게 생각할 때 특유의 반짝임이 있었기 때문이다.
　뉴턴이 찾고 싶어 했던 건 단순한 중력이 아니었던 것이다. 그는 우리 주변에서 볼 수 있는 힘의 특징을 우주에까지 적용하고, 그것 또한 수식으로 풀고자 했던 게 아니었을까?

어느새 저녁이 되었다. 뉴턴은 종일 헛간에 처박혀서 연금술에 매달릴 뿐이었다. 신호의 정체에 대해 정확하게 파악하지는 못했지만 이곳에 더 머무를 이유는 없어 보였다.

"저희는 이제 그만 돌아가 보겠습니다."

채는 헛간 문을 빼꼼 열고 뉴턴에게 작별 인사를 했다.

"그러시든가."

여전히 관심도 없던 뉴턴이었다.

"이봐! 잠깐 기다려!"

한참을 걷고 있는데 누군가가 다급하게 부르는 소리가 들렸다.

그 모습을 보던 뉴턴은 다시 눈을 빛내며 중얼거렸다.

"아, 그래! 사과가 낙하하는 것처럼 달도 낙하하고 있겠지?"

뉴턴은 마치 번개라도 맞은 듯 빠르게 말을 쏟아냈다.

뉴턴은 흥분하여 점점 큰 소리로 말했다.

"달이 낙하한 거리는 지구의 둥근 표면만큼의 거리야. 그래, 모든 물체는 서로를 끌어당겨! 서로가 서로에게 낙하한다고!"

 채의 눈에도 뉴턴은 완전히 다른 사람 같았다. 예민하고 짜증스러웠던 청년의 모습은 온데간데없고, 진리를 탐구하고자 하는 순수한 영혼만이 신나게 꿈을 펼치고 있었으니 말이다. 갈릴레이와 데카르트가 사물을 수학으로 표현했다면 뉴턴은 사물들 간의 보이지 않는 힘까지 수학으로 표현했다. 이제 뉴턴 덕분에 물리학은 존재부터 관계까지 세상 모든 것을 수학으로 다루게 되었다. 채는 뉴턴에게 한걸음 가까이 다가가 물었다.

 "아이작 씨, 진리에 다가간 소감이 어때요?"

달빛은 은은하게 진리의 대양을 비추고 있었다. 파도 위에 출렁거리는 다정한 달빛의 정체는 달에 반사된 햇빛이었을 것이다. 지금 이 순간에도 태양과 달과 지구는 서로를 끌어당기며 자전과 공전을 반복하고 있을 테다. 채는 이 우주 어딘가에 있을 알파를 떠올렸다. 그리고 알파의 신호가 자신을 위대한 과학자들에게로 안내하고 있음을 깨달았다.

뉴턴, 물리학의 확장

○ 중력과 만유인력

갈릴레이가 죽은 해인 1642년 뉴턴은 영국에서 태어났어요. 뉴턴은 물리학자, 천문학자, 수학자로 활발히 활동했을 뿐 아니라 연금술과 신학에도 관심이 많았어요. 그 당시에는 과학과 종교와 연금술이 느슨하게 연결되어 있었기 때문이지요.

뉴턴은 중력을 수학으로 정리했어요. 중력은 사물끼리 끌어당기는 힘이고, 무게가 무거울수록, 거리가 가까울수록 크게 작용하지요. 당시 사람들도 중력에 대해 알고는 있었어요. 하지만 뉴턴의 업적은 중력을 보편적인 힘인 만유인력으로 정의했다는 거예요.

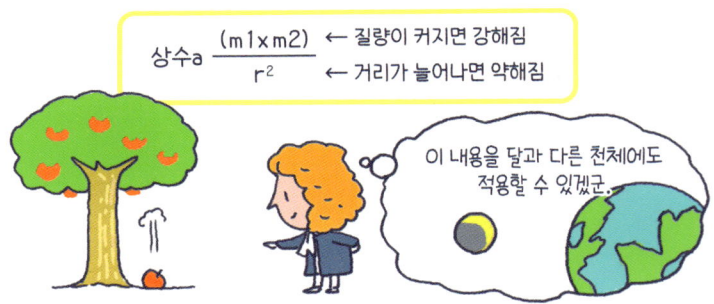

○ 존재자에서 관계로

갈릴레이와 케플러는 기하학을 통해 '사물'을 수학으로 표현했어요. 그리고 뉴턴은 그 사물들 사이에 보이지 않는 '힘'을 수학으로 정리했지요. 조금 더 철학적으로 표현하자면, 기존의 과학이 '존재자'에 관심을 갖고 수학으로 표현했다면, 뉴턴은 존재자와 다른 존재자 사이의 '관계'를 파악하고 수학으로 표현한 거예요.

뉴턴으로 인해 물리학은 존재부터 관계까지 세상 모든 것을 수학으로 다룰 수 있게 되었답니다.

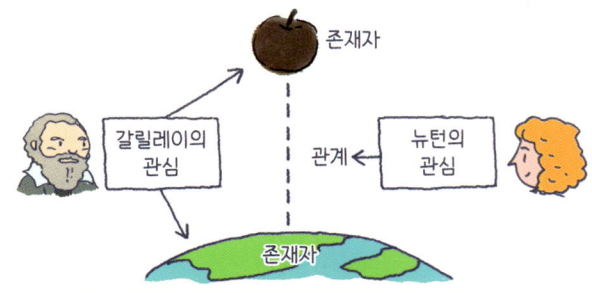

마스터의 보고서

아이작 뉴턴

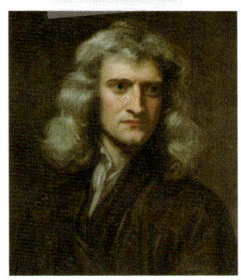

아이작 뉴턴

근대 과학의 아버지라고도 불리는 아이작 뉴턴은 물리학자이면서 수학자, 신학자이기도 했다. 그는 1642년 12월 25일 영국 동부의 울즈소프라는 마을에서 농부의 아들로 태어났다. 아버지가 돌아가시고 세 달 후에 태어난 뉴턴이었다. 어머니는 뉴턴을 외가에 맡겼고, 뉴턴은 세 살이 되었을 때야 새아버지와 살게 되었는데 가족들과는 계속 사이가 좋지 않았다고 한다. 어린 시절 겪은 상처 때문에 뉴턴은 어른이 되어서도 평생 결혼하지 않고 독신으로 지낸 것으로 알려져 있다. 학창 시절에 공부를 잘하지는 않았지만 친구와 다툰 후, 경쟁심 때문에 진지하게 공부를 시작하게 되었고 그 결과 18세에 케임브리지 대학에 입학하게 된다. 그러나 1665년 유럽 전역에 페스트가 유행하자 당시 2학년이었던 뉴턴은 학교를 떠나 고향으로 돌아갈 수밖에 없었다. 그런데 그 2년 동안 뉴턴의 많은 학문적 업적이 나오게 된다. 뉴턴은 광학 연구, 반사 망원경의 발명, 미분 적분 계산법 등 근대 과학의 발전에 눈부신 업적을 남겼다.

그중에서도 뉴턴의 최대 업적은 뉴턴 역학 정립이다. 제1법칙은 관성의 법칙, 제2법칙은 가속도의 법칙, 제3법칙은 작용 반작용의 법칙이다. 우리가 잘 알고 있는 것처럼 뉴턴은 중력에 관심이 많았고, 서로를 끌어당기는 힘으로서의 중력을 수학으로 정리해 냈다. 1687년 출간된 그의 저서 《자연철학의 수학적 원리》는 근대 물리학의 완성에 해당하는 중요한 작품이다. 우리에게는 '원리' 부분만 떼어서 《프린키피아》라는 제목으로 더 잘 알려져 있다.

뉴턴은 영국의 국회의원과 왕립 조폐국의 이사직을 맡는 등 사회적 활동도 활발하게 하였고 1727년 84세의 나이로 세상을 떠날 때까지 과학과 수학에 관련된 연구를 멈추지 않았다. 시인 알렉산더 포포는 이런 말을 남겼다고 한다. '자연과 자연의 법칙이 밤의 어둠 속에 감춰져 있었다. 신께서 말씀하시길 뉴턴이 있으라 하시니 어둠이 모든 빛이 되었다.'

케임브리지 대학의 사과나무 뉴턴의 업적을 기리기 위해 후배들이 뉴턴의 고향 집에서 옮겨 심은 사과나무이다.

Break Time
가로세로 낱말풀이

과학의 역사를 쉼 없이 공부한 친구들, 모두 수고했어! 가로세로 낱말풀이를 통해 우리가 배운 내용들을 확인해 보자!

가로

① 물체가 움직이는 길을 말한다. 태양계 행성의 ○○
② 동그라미보다 넓적하게 생긴 도형. 행성은 이 도형의 궤도로 움직인다.
③ 수와 도형에 대해 연구하는 학문. 갈릴레이는 우주가 이것으로 쓰인 책이라고 말했다.
④ 프랑스의 수학자이자 철학자. '나는 생각한다. 고로 나는 존재한다.'라는 말을 남겼다.
⑤ 하늘의 별들을 이어 형태를 만든 것. 이것과 관련된 신화와 전설이 여럿 존재한다.
⑥ 고대 그리스의 천문학자로 천동설을 주장한 대표적인 인물이다.

세로

㉠ 논리적으로 가장 단순한 것이 진실일 가능성이 높다. 오컴의 ○○○
㉡ 2세기에 프톨레마이오스가 천동설을 기반으로 작성한 천문학 책
㉢ 먼 곳의 사물을 관측할 때 쓰는 광학기기. 갈릴레이는 이것을 이용해 천체를 보았다.
㉣ 점, 선, 면, 부피 등 공간에 존재하는 도형에 대해 연구하는 학문.
㉤ 유리나 수정으로 만든 부품으로 빛을 분산시킬 때 쓴다.
㉥ 유럽의 민간 전설에 나오는 마술을 쓰는 여성. 중세 시대 ○○사냥으로 평범한 사람들이 목숨을 잃기도 했다.
㉦ 이탈리아 르네상스 말기의 물리학자. 경험적 지식과 수학적 근거로 지동설을 지지하다 종교 재판을 받았다.
㉧ 쥐가 옮기는 균에 의해 감염되는 전염병. 중세 유럽, 이 병으로 많은 사람이 목숨을 잃었다.

에필로그

나를 구하러 와 줘

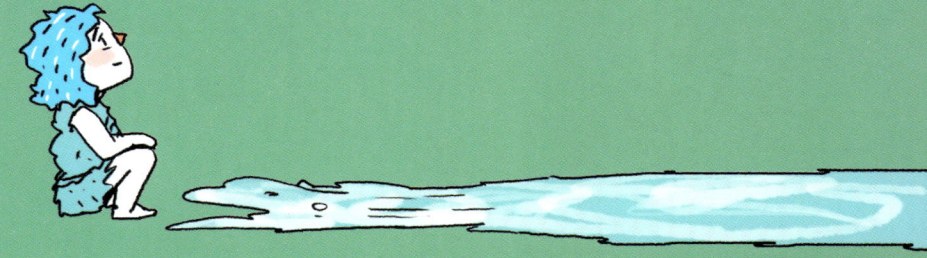

알파의 행성에도 고요하고 은은한 달빛이 비추었어.
알파는 쓸쓸하게 바닷가를 거닐다가 밤하늘을 올려보았지.

가슴이 먹먹할 정도로 수많은 별들이
쏟아질 듯 빛나고 있었어.

쏴아 아아아...

반짝이는 작은 별들 모두 자신의 특성을
가진 뜨거운 천체이고, 그들 주변에는
행성들이 돌고 있겠지. 검게만 보이는
우주의 빈 공간에는 가스와 먼지들이
떠 있을 거야. 지금 이 순간에도
새로운 별은 태어나고 수명을 다한 별은
사라지고 있겠지.

알파는 밤하늘을 향해 손을 뻗어 보았어.

"신호는 잘 갔을까?"

알파는 자신이 보낸 신호가 시공간을 거슬러, 차원을 넘어, 지구의 인물들에게 가 닿기를 바랐어. 모든 인류가 현실에만 몰두해 살아 나갈 때에도 현실 너머에 있는 진리를 궁금해하고, 밤하늘을 탐구했던 자들은 존재했거든. 그들이 이 신호를 받아서 채에게 전달해줄 수 있다면 낯선 우주의 문제도, 지구로 돌아가는 일도 해결할 수 있을 거라고 믿었어.

프톨레마이오스, 코페르니쿠스, 갈릴레이, 데카르트, 뉴턴, 그리고 이름을 남기지 못했지만 우주의 비밀에 다가갔던 수많은 탐구자들. 알파는 이들이 하나하나 엮어 가는 지혜의 매듭을 채가 발견해 주기를 강하게 원했어. 먼 옛날, 시간여행자 채가 알파에게 살짝 힌트를 주었던 것처럼 알파도 채에게 지름길을 알려 주고 싶었거든.

"그걸 네가 어떻게 알아?"

"나도 모르겠어. 하지만 채가 내 의도를 눈치 챈 것 같아. 갑자기 그런 느낌이 들어."

알파는 알쏭달쏭 도무지 알 수 없는 얘길 했어. 채와 알파, 둘 사이에 뭔가 통하는 느낌이라도 있는 걸까? 아니면 알파만의 착각은 아닐까? 알 수 없지만 어쨌든 잘된 일이지 뭐.

최종 정리

여러분 안녕하세요, 채사장이에요.
지금까지 우리는 이야기를 통해 고대부터 근대에 이르는 과학의 역사를 알아보았어요. 최종 정리를 통해 중요한 흐름을 되짚고 서로의 생각을 나눠 보도록 해요.

고대는 자연철학의 시대였어요. 프톨레마이오스에 의해 천동설이 주장되었지요.

중세에는 과학적 논의보다는 신학과 철학이 발달했어요. 근대에 들어와서야 본격적으로 과학적인 논의가 시작되었어요.

지구가 우주의 중심

천동설

프톨레마이오스 →

코페르니쿠스   갈릴레이

근대 초기에는 코페르니쿠스가 지동설을 주장했지만 과학적 예측이라고 말하긴 어려웠어요.
근대 과학의 모습을 최초로 보여 준 학자는 갈릴레이였어요. 그는 관측 자료와 수학적 근거를 통해서 이 세계를 서술하려고 했지요.

이후 데카르트를 통해 기하학을 대수학으로 표현할 수 있는 길이 열렸어요.
그리고 뉴턴이 등장하여 존재하는 것들의 관계까지도 수학적으로 정리할 수 있게 되었어요.

데카르트   뉴턴

〈고대〉 … 〈근대〉

| 프톨레마이오스 | — | 코페르니쿠스 | — | 갈릴레이 | — | 뉴턴 | — | ??? |
| 천동설 | | 지동설 | | 물체 | | 힘 | | |

생각하고 토론하기

근대까지의 과학자들은 앞선 과학의 문제점을 발견하고 새로운 해결책을 생각하면서 과학을 발전시켰어요. 인류의 역사 안에서 과학이 어떻게 진리의 위치를 차지하게 되었는지 생각해 보고 서로 발견한 점을 나눠 보아요.

① 고대 시대의 과학자들은 세계를 설명하기 위해 머릿속으로 사유 실험을 하거나 철학자처럼 추상화 과정을 거쳤어요. 고대의 과학과 지금의 과학은 어떤 점이 달랐을까요?

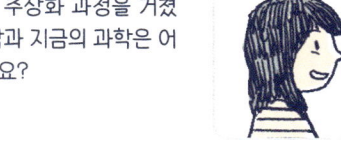

② 갈릴레이는 '우주는 수학이라는 문자로 쓰인 책'이라고 말할 정도로 자연 과학에 수학을 적용하기 위해 힘썼어요. 과학의 발전에 수학이 중요했던 이유는 무엇일까요?

③ 천동설은 천년이 넘는 오랜 기간 동안 이 세계를 설명하는 참된 진리로 받아들여졌어요. 그러나 지금의 과학은 완전히 반대되는 주장을 하고 있어요. 우리가 참되다고 믿고 있는 과학 지식들도 언젠가는 바뀔 수 있을까요?

뉴턴 이후로 근대 과학은 완성된 것처럼 보였어요. 하지만 정말 그럴까요? 훗날 아인슈타인은 그의 후배 과학자들이 주장한 새로운 이론과 부딪히며 논쟁을 했어요. 11권에서 현대 과학의 새로운 모습에 대해 알아보아요.

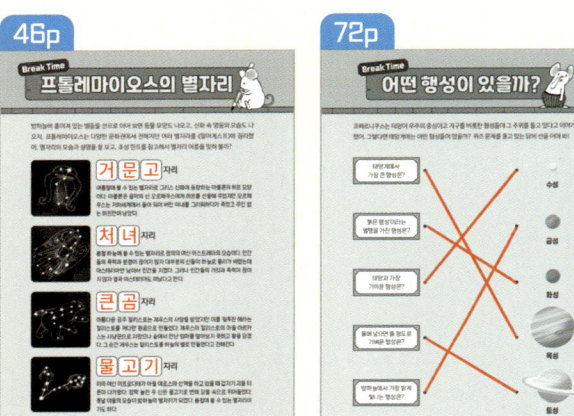

11권에서는 상대성 이론과 양자역학을 쉽게 알아볼 거예요.

Q 태양이 지구 주위를 돈다는 '천동설'을 주장했으며 고대 천문학 지식을 종합해 《알마게스트》라는 천문학서를 남긴 과학자는 누구일까요? **A** 프톨레마이오스	**Q** 세상의 사물들의 본래 모습은 '이데아'로 되어 있다는 이데아론을 주장했으며 우주는 완전한 공의 형태를 띠고 있고, 지구는 그 중심에 고정되어 있다고 말한 과학자는? **A** 플라톤	**Q** 태양이 우주의 중심에 있고 나머지 행성들이 그 주위를 공전한다는 당시로서는 파격적인 지동설을 주장했던 사제이자 학자는 누구일까요? **A** 코페르니쿠스
Q 처음엔 천동설을 지지했지만 정확한 천문 관측을 통해 천문학이 틀렸다는 증거를 발견했으며, 별과 행성의 위치를 정확히 관찰했던 덴마크 과학자는 누구일까요? **A** 티코 브라헤	**Q** 행성의 궤도가 원이 아니라 타원이라는 발견했으며 행성의 움직임과 관련된 법칙들을 발견한 과학자는 누구일까요? **A** 케플러	**Q** 망원경을 만들어 천체를 관측하여 지동설의 근거를 제시했고, 지동설을 수학적으로 정리하여 근대 물리학 발전에 크게 기여한 학자는 누구일까요? **A** 갈릴레오 갈릴레이
Q 만유인력의 법칙을 발견했으며 운동 법칙을 정리하여 고전 역학의 기초를 만들고, 미적분을 창시했던 근대이론 과학의 선구자는 누구일까요? **A** 아이작 뉴턴	**Q** 좌표계를 생각해 내어 대수학과 기하학을 만나게 하였고, '나는 생각한다, 고로 나는 존재한다'라는 유명한 말로 근대 철학의 기초를 세운 학자는 누구일까요? **A** 데카르트	**Q** 특수 상대성 이론, 일반 상대성 이론을 발표했을 뿐 아니라 광양자설, 브라운 운동의 이론 등 다양한 이론을 발표한 과학자는 누구일까요? **A** 아인슈타인
Q 원자 모형을 보완하여 양자 물리학의 기초를 다졌으며, 훗날 아인슈타인과 양자역학과 관련된 논쟁을 펼쳤던 과학자는 누구일까요? **A** 닐스 보어	**Q** 파동함수의 변화를 기술하는 미분방정식을 정리하여 노벨 물리학상을 수상했고, '슈뢰딩거의 고양이'라는 유명한 사고실험을 제안한 과학자는 누구일까요? **A** 슈뢰딩거	제품명: 채사장의 지대넓얕10 부록 (과학자 퀴즈 딱지) 제조자명: (주)돌핀북 주소: 서울시 마포구 토정로 47, 701 전화번호: 02-322-7187 사용연령: 3세 이상 제조연월: 2024.6 제조국명: 대한민국 ⓒ(주)돌핀북 이 제품을 무단 복사·전재하는 것은 저작권법에 위반됩니다. 

게임 방법 ①

☆ 가위 바위 보 게임 ☆

2명이 플레이 할 때: 과학자 딱지를 6장씩 나눠 갖습니다. 동시에 딱지를 내어 가위바위보에 나온 결과를 봅니다. 이긴 사람이 진 사람의 딱지를 가져갑니다. 마지막에 많은 딱지를 가진 사람이 이깁니다. 딱지의 개수가 같다면 별의 개수가 더 많은 사람이 이깁니다.

게임 방법 ②
★ 퀴즈 게임 ★

3명이 플레이 할 때: 바닥에 과학자 딱지 12장을 깔아 놓습니다. 한 명이 문제를 내면 다른 두 명이 정답을 맞힙니다. 정답에 해당하는 과학자 딱지를 한 장씩 가져갑니다. 더 많은 딱지를 가져간 사람이 이깁니다.

여러분만의 새로운 게임을 만들어 보세요.